AKTIEN KOMPLETT-ANLEITUNG

Alles, was Sie als Börsen-Einsteiger
unbedingt über Wertpapiere wissen
müssen. Genau so investieren Sie
mit wenig Kapital und bauen sich ein
krisensicheres Vermögen auf

Martin Bachmeier

Alle Inhalte wurden unter größter Sorgfalt erarbeitet. Der Verlag und der Autor übernehmen jedoch keine Gewähr für die Aktualität, Korrektheit, Vollständigkeit und Qualität der bereitgestellten Informationen. Alle Namen und Personen sind frei erfunden und Zusammenhänge mit real existierenden Personen sind rein zufällig. Druckfehler und Falschinformationen können nicht vollständig ausgeschlossen werden.

Investieren beinhaltet Risiken. Daher sind Wertpapier- und Fondsinvestments mit Verlustgefahren verbunden. Historische Daten bieten keine Gewähr für zukünftige Renditen oder Erträge. Die in diesem Buch vorgestellten Ratschläge sind nicht als juristische, steuerliche oder Anlage-/Vermögensberatung zu verstehen. Dieses Buch ist ein informatives Nachschlagewerk, welches Lesern helfen soll, Finanzprodukte als mögliche Kapitalanlage besser zu verstehen. Der Verlag und der Autor sind nicht für die individuellen Geldanlage-Entscheidungen des Lesers verantwortlich und daher in keinster Weise haftbar.

Ein Willkommensgeschenk!

Vielen Dank für den Kauf dieses Buches. Bevor es richtig losgeht, möchte ich Ihnen ein Geschenk machen: Auf meiner Webseite finden Sie einen Kurzreport gratis zum Download.

In diesem Kurzreport geht es um die 7 häufigsten Fehler, die Einsteiger beim Handeln mit Aktien machen.

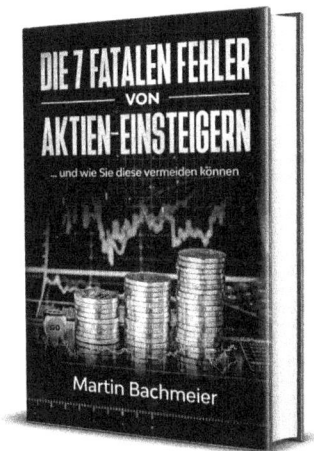

Dieser Kurzreport steht nur eine begrenzte Zeit zum Download zur Verfügung – Handeln Sie daher schnell!

Wie können Sie diesen Kurzreport erhalten?

Blättern Sie direkt zum Kapitel „Bonusheft"!

Inhalt

Vorwort

Die Geldanlage in Aktien hatte in Deutschland jahrzehntelang einen geschädigten Ruf. Ereignisse wie das Platzen der Dotcom-Blase um die Jahrtausendwende herum sowie die Weltfinanzkrise 2007 sorgten und sorgen immer wieder dafür, dass Personen den Wertpapierhandel als Hexenwerk abschreiben und neu gewonnene Anleger den Finanzmarkt wieder verlassen. Doch nun stehen die Zeichen allmählich auf Versöhnung: Die jungen ambitionierten Menschen haben durch die Digitalisierung die Möglichkeit, einfacher am Finanzmarkt teilzuhaben und präziseste Analysemethoden zu nutzen. Mit der darüber hinaus vorhandenen Offenheit, die sich im jungen Alter bemerkbar macht, erfährt der Wertpapierhandel heutzutage wieder mehr Zuspruch. Doch neben der jungen Generation sind alteingesessene Sparbuchmatadoren zur Auseinandersetzung mit Wertpapieren gezwungen. Denn wir befinden uns in einer Niedrigzinsphase, oder besser gesagt: Einem Niedrigzins*dauerzustand*. Wer sein Geld auf dem Sparbuch anlegt, erhält keine Zinsen wie früher, als es noch zum Vermögensaufbau reichte. Stattdessen gibt es einen mickrigen Tausendstel-Anteil an jährlichen Zinsen, der abzüglich der Inflation das investierte Vermögen schrumpfen lässt, anstatt es zu vermehren.

Wie ersichtlich wird: Solange die Niedrigzinsphase andauert – und ein Ende ist gewiss nicht absehbar – wird das Sparbuch ebenso wie ein Tagesgeldkonto nicht mehr die sichere lukrative Rendite vergangener Zeiten bescheren, sondern einen gesicherten Verlust. Dementsprechend sind Aktien bzw. die gesamte Gruppe der Wertpapiere aktuell die Anlageform, die jeder Person zugänglich ist UND nach Abtrag der Inflation noch eine ausreichende Rendite in Aussicht stellt. Diese Tatsache gilt für junge wie für ältere Anleger gleichermaßen. Dennoch werden mit dem Titel dieses Buches hauptsächlich junge Menschen angesprochen. Grund hierfür ist, dass eine Anlage in Aktien und andere Wertpapiere über lange Zeiträume – im Idealfall mehrere Jahrzehnte – praktiziert wird. Denn so fällt das Risiko tendenziell geringer aus, während die Aussichten auf eine hohe Rendite steigen. Junge Personen sind also für erfolgreichen Aktien- und Wertpapierhandel über mehrere Jahrzehnte prädestiniert.

Dieses Buch vermittelt Einsteigern – sowohl absolut unerfahrenen Personen als auch fortgeschrittenen Einsteigern – zunächst alle notwendigen Grundlagen und geht danach in die Details. In den Details werden sich auch für erfahrene Anleger einige Informationen finden, die zuvor eventuell nicht bekannt waren. Dementsprechend ist dieser Ratgeber auf eine breite Zielgruppe an Personen ausgelegt, die den Wertpapierhandel professionell gestalten oder sich einfach nur informieren möchten.

Den Anfang macht das Buch mit einem Kapitel zu den Grundlagen, welches die verschiedenen Wertpapierarten erklärt und dabei einen Fokus auf Aktien sowie Aktienfonds legt. In diesem Kapitel wird ebenso die Börse, der Handelsplatz für Wertpapiere, vorgestellt. Neben dieser klassischen Wertpapierbörse werden weitere Börsenarten kurz genannt. Das erste Kapitel setzt sich mit der Einführung in die Regeln an der Börse und beim Wertpapierhandel fort. Am Ende des Kapitels werden wichtige Grundbegriffe erläutert, die bei der Geldanlage in Wertpapiere bekannt sein sollten.

Daraufhin erläutert das zweite Kapitel, wie und wo Sie am besten ein Depot für den Aktienhandel eröffnen und wie Sie einen Broker finden. Das Depot ist für die Verwahrung der Wertpapiere notwendig, der Broker wiederum ist als Börsenmakler für den An- und Verkauf von Wertpapieren an der Börse verantwortlich.

Kapitel 3 befasst sich mit Anlagestrategien, die Ihnen verschiedene – in einigen Fällen miteinander kombinierbare – Wege aufzeigen, um Ihr eigenes Portfolio an Aktien zusammenzustellen. Mit den Anlagestrategien erhalten Sie konkrete Wege mit zugehörigen Beispielen an die Hand, um sich auf Anhieb bei den persönlichen Aktivitäten im Kapitalmarkt zurechtzufinden.

Im vierten Kapitel lernen Sie wichtige Instrumente für Analysen der Aktienkurse sowie der Unternehmen kennen. Unternehmensanalysen gehören der Fundamentalanalyse an und befassen sich mit mehreren Kennzahlen, anhand derer Sie den Wert einer Aktie evaluieren können. Dies erhöht die Wahrscheinlichkeit, dass Sie ein Investment tätigen, welches ein Fundament und zudem ein geringeres Risiko hat. Zu diesen Kennzahlen gehören beispielsweise das Kurs-Gewinn-Verhältnis, der Cash-Flow und die Ausschüttungsquote. Neben der Unternehmensanalyse weist dieses vierte Kapitel in Chartanalysen ein, die nicht das Unternehmen analysieren, sondern aus der Entwicklung der Aktienkurse Modelle bilden. Diese Modelle sollen geeignete Zeitpunkte für Kauf-, Halte- und Verkaufsentscheidungen angeben.

Der Ratgeber schließt mit dem fünften Kapitel, welches ein ausführliches Beispiel für den Aufbau eines Portfolios darstellt. Hier werden einige der Anlagestrategien zum Teil wiederholt und angewandt, während Schritt für Schritt die Zusammenstellung der einzelnen Anlagen im Portfolio präsentiert wird. Dieses Kapitel wird Ihnen zeigen, dass die Auswahl der Aktien sorgfältig zu erfolgen hat, um optimales Renditepotenzial zu schaffen.

Im Nachwort wird kurz auf die Suchtgefahr und die steuerliche Gesetzgebung zum Handel mit Aktien bzw. zur Geldanlage in Aktien eingegangen.

Ehe es mit dem ersten Kapitel losgeht, sei auf einige Dinge verstärkt hingewiesen: Wer sich als erfahrener Anleger oder fortgeschrittener Anfänger einstuft, darf gern die ersten beiden Kapitel überfliegen, da erst ab dem dritten Kapitel merklich in die Tiefe gegangen wird. Anfänger jedoch werden auf die ersten beiden Kapitel angewiesen sein und sollten dementsprechend chronologisch vorgehen und jedes Kapitel dieses Buches aufmerksam lesen. Zudem sei jeder Leser vorab informiert, dass erfolgreiche Geldanlagen in Aktien dann am wahrscheinlichsten sind, wenn in ein *bestimmtes Kapital* investiert wird: Das eigene Wissen. Lesen Sie am besten bereits von heute an parallel zu diesem Buch Fachzeitungen, hören Sie Nachrichten und informieren Sie sich über möglichst viele Branchen. So werden Sie zu einem Allround-Experten – beste Voraussetzungen für den Wertpapierhandel. Und nun viel Spaß beim Lesen!

Aktien = Anteile an Unternehmen

Während in Deutschland in der Vergangenheit Aktien zumeist als ein Hexenwerk abgestempelt wurden, verhielt es sich in anderen Nationen grundlegend anders. Insbesondere die Niederlande, Japan und die USA hatten und haben beträchtliche Anteile an der Bevölkerung, die in Aktien investieren. Mittlerweile schauen sich aufgrund der Niedrigzinsphase und des nicht mehr zum Vermögensaufbau geeigneten Sparbuches zunehmend auch in Deutschland die Menschen nach alternativen Anlagemöglichkeiten um. Dabei werden Aktien hoch gehandelt: Sie ermöglichen eine höhere Rendite als Sparbücher und andere Anlageformen, bieten Aussichten auf eine Einwirkung auf die Wirtschaft und das Risiko der Geldanlage in Aktien lässt sich darüber hinaus durch ein kluges Anlagekonzept minimieren. Dieses Kapitel führt in die grundlegendsten Dinge rund um den Aktienhandel ein. Es erklärt allem voran zunächst, worum es sich bei Aktien und den weiteren Wertpapierarten überhaupt handelt. Zudem erhalten Sie Informationen zu den Abläufen an der Börse und den dortigen Regeln.

Aktien sind Wertpapiere, aber nicht alle Wertpapiere sind Aktien

Aktien gehören der Gruppe der Wertpapiere an. Allerdings sind nicht alle Wertpapiere auch Aktien. Dieser feine Unterschied eröffnet den Blick auf eine Vielzahl faszinierender Perspektiven beim Wertpapierhandel: Es gibt neben Aktien noch weitere Wertpapier-Arten, die beeindruckende Möglichkeiten für Anleger eröffnen. In ein ausgewogenes Portfolio gehören sogar verschiedene Anlageklassen hinein, um die Vor- und Nachteile gegeneinander aufzuwiegen. Im Folgenden betrachten wir die verschiedenen Anlageklassen bzw. Wertpapierarten und deren Eigenschaften.

Aktien als Anteile an Unternehmen

Wer Aktien kauft, kauft Anteile an Unternehmen. Bei börsennotierten Unternehmen lassen sich Anteile kaufen, wobei die Anzahl der herauszugebenden Aktien den Anteil am Unternehmen definiert. So entscheidet ein Unternehmen beim Börsengang – also, wenn es frisch an die Börse tritt – darüber, wie es die Aktien in Bezug auf das Grundkapital stückeln möchte und welchen Anteil diese am Unternehmen haben. Man spricht bei der ersten Herausgabe von Aktien beim Börsengang von einer Neuemission. Jeder weitere Verkauf von Aktien seitens des Unternehmens wird einfach als Emission bezeichnet.

> ### Beispiel
>
> Die Friedeberg AG geht an die Börse. Für die Gründung einer AG (Aktiengesellschaft) ist mindestens ein Grundkapital von 50.000 € erforderlich. Meist liegt das Grundkapital der Unternehmen noch höher. Das Grundkapital ist das Kapital des Unternehmens, welches es in Aktien hinterlegt. Man bezeichnet dieses Kapital auch als Nennwert. Bei der Friedeberg AG beträgt das Grundkapital 2 Millionen Euro. Diese 2 Millionen Euro werden auf 40.000 Aktien aufgeteilt. Somit kostet eine Aktie 50 €. Wird diese gekauft, hat der Anteilseigner 0,000025 % Anteile am Unternehmen.

Je mehr Aktien ein Anteilseigner kauft, umso mehr Anteile am Unternehmen hat er und umso mehr Einfluss kann er auf die Entwicklung des Unternehmens nehmen. Zumindest in der Theorie, denn die Praxis zeigt, dass es verschiedene Arten von Aktien gibt. Dies sind einerseits die Stamm-, andererseits die Vorzugsaktien. Stammaktien geben Anlegern die Möglichkeit, bei Hauptversammlungen des Unternehmens über gewisse Entscheidungen abzustimmen. Dafür müssen die Inhaber dieser Aktien an anderer Stelle Einbußen verkraften: Sie erhalten häufig eine geringere Dividende. Welche Rechte Inhaber von Stammaktien haben, ist im Aktiengesetz verankert. Unternehmen steht frei, im eigenen Recht zusätzliche Vorzüge für Inhaber von Stammaktien zu verankern. Vorzugsaktien beinhalten für gewöhnlich kein Recht zu Abstimmungen auf Hauptversammlungen, kompensieren dies allerdings durch andere Vorzüge. Diese für diese Aktienart namensgebenden Vorzüge können höhere Dividendenzahlungen sein oder – bei einer weiteren Emission des Unternehmens – das Vorrecht auf den Kauf neuer Aktien. Sollte die Entwicklung eines Unternehmens besonders positiv sein, dann ist es für Anleger durchaus reizvoll, die emittierten Aktien direkt zu kaufen. Ohne Vorzugsrecht gibt es keine Garantie für den erfolgreichen Kauf der Aktien, da andere Anleger schneller kaufen könnten.

So weit, so gut ...

❖ Unternehmen gehen an die Börse und gründen eine AG oder eine andere Kapitalgesellschaft
❖ Dabei definieren Sie das Grundkapital und stückeln dieses auf Aktien
❖ Es kommen Stammaktien mit Einflussnahme oder Vorzugsaktien mit der Aussicht auf höhere Gewinnbeteiligungen in Frage
❖ Anleger kaufen diese Aktien und werden dadurch Anteilseigner am jeweiligen Unternehmen

Doch wieso findet all das statt? Wieso machen Unternehmen private Menschen zu Anteilseignern und teilen Einfluss oder gar Gewinne mit anderen Personen?

Der Grund dafür ist die Kapitalbeschaffung. Sie werden im nächsten Kapitel die Börse noch genauestens kennenlernen. Doch bereits jetzt sei erwähnt, dass es sich bei der Börse um einen Kapitalmarkt handelt. Jedes Unternehmen, welches diesen Markt betritt, muss ein gewisses Kapital einbringen. Durch das Einbringen dieses Kapitals wird ein Unternehmenswert definiert. In der Annahme, das Unternehmen würde sich weiterentwickeln und an Wert gewinnen, kaufen Anleger die Anteile und spekulieren auf einen Gewinn. Unternehmen profitieren jedoch ebenso: Sie beschaffen sich Kapital, welches in das Wachstum oder zum Erreichen anderer Ziele investiert wird. Üblich ist ein Börsengang aus Gründen des Unternehmenswachstums. Während außerhalb der Börse die Suche nach Investoren schwieriger und der Erhalt von Krediten mit Verbindlichkeiten sowie Kosten verbunden ist, ist die Herausgabe von Anteilen dies nicht: Durch den Eintritt in den Markt werden Investments in das eigene Unternehmen vonseiten jeder privaten Person möglich. Auch ohne große Investoren oder üppige Kredite lässt sich somit ein beachtlicher Zufluss an liquiden Mitteln realisieren. Diesen Zufluss investiert das Unternehmen ins eigene Wachstum, in den Aufkauf anderer Unternehmen zwecks Erschließung neuer Geschäftssparten oder in den Schuldenabbau. Dies sind nur einige der möglichen Intentionen hinter einem Börsengang mit Neuemission und jeder weiteren Emission.

Das Unternehmen gibt bei der Emission jedoch nicht alle Aktien bzw. Anteile zum Kauf frei. Ein Teil verbleibt üblicherweise bei den Gründern und weiteren führenden Köpfen oder wichtigen Mitarbeitern. Vor dem Börsengang erhalten einige Angestellte gelegentlich ein Vorkaufsrecht. Darüber hinaus wird der größte Teil der Aktien im Unternehmen selbst gehalten.

Beispiel

Gehen wir davon aus, dass das Unternehmen bei einer Neuemission 10 % der Anteile in Form von Aktien herausgibt und 15 % an Gründer, Vorstandschefs sowie weitere Personen gehen, so verbleiben noch 75 % beim Unternehmen. Diese 75 % werden über die nächsten vier Jahre einbehalten. Bis dahin ist das Unternehmen gewachsen und hat einen Kursanstieg verzeichnet. Für den Kauf eines Konkurrenten, der eine innovative Sparte bedient, braucht das Unternehmen Geld, das es zwar hat, aber dessen kompletter Einsatz zu riskant wäre. Aus diesem Grund erfolgt eine Emission von 5 % der Anteile in Form von Aktien, die das Kapital zum Aufkauf des neuen Unternehmens zur Verfügung stellen.

Der Verkauf von Aktien, die noch in der Hand des Unternehmens sind, ist die einzige Möglichkeit, neues Kapital an der Börse zu beschaffen. Die Aktien, die in der Hand der Vorstandsmitglieder sind, gehören nicht dem Unternehmen, sondern sind deren Privatvermögen. Ein Unternehmen gibt selten die Mehrheit der Aktien aus der Hand. Vielmehr zeigt sich, dass Unternehmen regelmäßig die Gelegenheit zum Rückkauf nutzen. Wenn genug Kapital vorhanden ist und mit einem weiteren Wachstum des Unternehmens gerechnet wird, dann findet ein Rückkauf statt, der allerdings vom Vorstand individuell beschlossen wird.

Sie haben letzten Endes drei Möglichkeiten, Anteile an Unternehmen zu kaufen: Vom Unternehmen selbst im Falle einer Emission, bei anderen Anlegern, die die Aktien gehalten haben und nun verkaufen, und ebenso bei Investmentgesellschaften, die die Aktien separat oder in Investmentpaketen zusammen mit anderen Wertpapieren zum Kauf anbieten. Für Anleger hat die Kapitalanlage in Aktien den Vorteil, an der Entwicklung des Unternehmens partizipieren zu können; dies bedeutet: Wenn der Kurs steigt, weil das Unternehmen an Wert gewinnt oder die Anleger gerade eine Aktie hoch handeln, dann gewinnt der Anleger – theoretisch. Denn um seinen Gewinn zu realisieren, muss er die Aktie verkaufen. Nach dem Ankauf bekommt der Anleger für den Kursverlauf nämlich kein Geld ausgezahlt und muss keine Steuern zahlen. Erst beim Verkauf der Aktien werden Gewinne oder Verluste realisiert und es fallen Steuern auf die Gewinne an.

An einer Stelle bekommen Anleger bereits vor dem Verkauf der Aktien Geld ausgezahlt. Es handelt sich um die Gewinnbeteiligungen des Unternehmens, die in der Regel am Ende des laufenden Geschäftsjahres ausgeschüttet werden. Diese Beteiligungen am Gewinn nennen sich Dividenden. Diese Dividenden sind ein Schlüsselaspekt: Denn einige Personen gehen tatsächlich ohne dieses elementare Vorwissen in den Aktienhandel, dass die einzigen laufenden Auszahlungen während des Haltens der Aktie die durch die Unternehmen ausgeschütteten Dividenden sind. Diese variieren von Unternehmen zu Unternehmen und sind nicht mal verpflichtend. So entscheiden Unternehmen auf den Hauptversammlungen, welcher Anteil der Gewinne an Aktionäre ausgeschüttet wird. Die Gewinne werden zu einem großen Teil einbehalten, damit sie ins Wachstum investiert werden oder zur Bildung von Rücklagen herangezogen werden können. Sollte das Unternehmen keinen Gewinn gemacht haben, ist es sogar wahrscheinlich, dass keine Dividendenausschüttungen erfolgen.

Beispiel

Amazon ist eines der teuersten Unternehmen weltweit. Jeff Bezos hat im Laufe von über 20 Jahren ein großes Unternehmen geschaffen. Dabei verfolgte er von Anbeginn des Unternehmens an die Philosophie, *Amazon* zu dem größten Unternehmen aller Zeiten zu machen. Nicht von irgendwoher kommt der Name *Amazon*: In Anlehnung an den Amazonas, der der zweitgrößte Fluss der Welt ist, schuf er den einstigen Bücherhandel mit größten Ambitionen. Bis heute entdeckt er neue Sparten für sein Unternehmen: Als Cloud-Anbieter mit eigenen Servern, als Verkaufsplattform, als Filmproduzent. Die Menge an Visionen ist unbegrenzt. Dies gelingt nur dadurch, dass konsequent ins Wachstum des Unternehmens investiert wird. Zur Unterstützung dieses Ziels schüttet *Amazon* nur eine geringe Menge der Gewinne aus. Jeff Bezos vertröstet die Aktionäre damit, dass durch diese Strategie *Amazon* am besten wachsen würde. Doch die Aktionäre zeigen nur bedingt Verständnis. Schließlich fallen die Gewinnausschüttungen gering aus, obwohl sie Aktien eines des weltweit vermögens- und ertragsstärksten Unternehmens halten ...

Sie merken also bereits an dieser Stelle, dass es bei Aktien zweierlei Wege gibt, am Gewinn zu partizipieren: Zum einen durch die Gewinnausschüttungen seitens des Unternehmens, die gemäß der eigenen Anteile am Unternehmen erfolgen, und zum anderen den Kursverlauf, der den Wert des Unternehmens widerspiegelt. Allerdings erhalten Sie das Geld aus Kursgewinnen erst durch den Verkauf der Aktien.

Nun wird so häufig von Gewinnen gesprochen, wobei es auch die negative Seite gibt. Nämlich die Verluste. Sollten die Aktien im Wert sinken, tritt ein Verlust ein. Sollte einem das Risiko zu groß sein, ist ein Verkauf der Aktien eine Option. Andererseits ist ein Halten oder auch ein weiterer Zukauf von Aktien denkbar. Denn wenn Anleger auf einen Wiederanstieg der Kurse spekulieren, macht ein Zukauf unter Umständen Sinn: Schließlich sind die Aktien an Tiefstwerten besonders günstig. So können für dieselbe Summe mehr Aktien gekauft werden als zuvor, weil der Preis pro Aktie gesunken ist.

So weit, so gut ...

❖ Unternehmen gehen an die Börse, um sich Kapital zu beschaffen, welches sie für die eigenen Geschäfte verwenden können

❖ Anleger kaufen Anteile entweder bei Emission von Unternehmen oder von anderen Anlegern

❖ Dividendenzahlungen beteiligen Anleger gemäß deren Anteilen und der vom Unternehmen beschlossenen Höhe der Zahlung am Gewinn des Unternehmens

❖ Möchten Anleger Gewinne aus dem Kursverlauf realisieren, müssen sie die Wertpapiere verkaufen; erst dann fallen Steuern an

❖ Solange die Aktien nicht verkauft werden, ist jedes Szenario denkbar: Der Wert fällt, bis sogar noch mehr Verlust eintritt, oder aber er steigt an ... Oder das Unternehmen geht bankrott und die Aktien sind komplett wertlos

---

Fonds

„Fonds sind Finanzprodukte, welche das Kapital von Anlegern breit auf unterschiedlichste Wertpapiere streuen. Je nach

Konzeption des Fonds kann es sich hierbei etwa um Aktien, Anleihen, Rohstoffe oder Immobilien handeln." (Quelle: rechnungswesen-verstehen.de[1])

Es gibt verschiedene Arten von Fonds, die sich ebenso in verschiedene Subtypen unterteilen lassen. Eine wichtige Unterscheidung wird zwischen offenen und geschlossenen Fonds getroffen. Offene Fonds sind an der Börse handelbar und für eine beliebige Menge an Anlegern geeignet. Anleger investieren also einen Betrag in den Fonds und erwerben dadurch Anteile. Der Fonds wiederum wird durch ein spezialisiertes Unternehmen, einen Vermögensberater, einen Fondsmanager oder eine andere autorisierte Person zusammengestellt und überwacht. Bei einem neuen Geldzufluss durch einen Anleger wird das Geld investiert, sodass das Fondsvermögen wächst. Ein geschlossener Fonds ist an der Börse nicht handelbar und dadurch schwieriger zu verwalten. Er ist von vornherein auf ein bestimmtes Anfangsinvestment beschränkt. Sobald dieses zusammengetragen ist, ist der Fonds für Anleger geschlossen. Häufig findet man diese Form von Fonds bei Immobilien vor.

Hinweis!

In Frankreich und weiteren Nationen der EU sind geschlossene Immobilienfonds mittlerweile verboten. Insbesondere bei dieser Art von Fonds gab es in der Vergangenheit viele Negativschlagzeilen, bei denen aufgrund eines schlechten Fondsmanagements Totalverluste eintraten und Anleger ihr komplettes Geld verloren.

---

[1] https://www.rechnungswesen-verstehen.de/lexikon/fonds.php

Eine weitere Möglichkeit zur Unterteilung von Fonds erfolgt nach der jeweiligen Anlageklasse bzw. Wertpapierart:

- Aktien
- Immobilien
- Anleihen
- Rohstoffe
- Zertifikate
- Derivate

Sie werden die Wertpapierarten im Folgenden noch kennenlernen. Zu Immobilien- und Rohstofffonds wäre an dieser Stelle zu sagen, dass Sie dadurch nicht in den Besitz des physischen Guts gelangen, sondern sich – wie bereits bei Aktien – lediglich am Kursverlauf beteiligen und Ihr Kapital einbringen. Zugleich stehen Gewinnausschüttungen in Aussicht. Sie müssen sich also keineswegs um die Kosten zur Versicherung von Immobilien oder Rohstoffvermögen kümmern. Dies übernehmen die Unternehmen, deren Anteile sich in dem entsprechenden Fonds befinden, oder das Unternehmen, das den Fonds verwaltet – zumindest bei offenen Fonds. Bei geschlossenen Fonds ist diese Regelung komplexer, sodass es vorkommt, dass sich Anleger an den Kosten beteiligen müssen. Von daher sollten Sie – insbesondere auch wegen des erschwerten Wiederverkaufs – auf ein Investment in geschlossene Fonds verzichten.

Fonds müssen allerdings nicht nur eine Anlageklasse enthalten. Es ist ebenso möglich, dass in einem Fonds ein Mix ist, der aus Aktien, Immobilien, Anleihen und Derivaten besteht. Besonders gefragt unter Anlegern sind derzeit die ETFs (Exchange Traded Funds). Sie bilden einzelne Indizes ab. Ein Beispiel hierfür ist der DAX (Deutscher Aktienindex), welcher die vermögendsten und ertragsstärksten 30 deutschen Unternehmen abbildet. Ein Index kann ebenso ganze Volkswirtschaften abbilden. Es ist ein Verzeichnis – dies ist zugleich die direkte Bedeutung des Wortes „Index" –, welches der Abbildung bestimmter Branchen oder anderweitigen Gruppierungen von Unternehmen dient. Dadurch wird die Entwicklung an der Börse unternehmensübergreifend veranschaulicht. Mehr Informationen dazu erhalten Sie, sobald es im Abschnitt über die Börse spezifischere Informationen gibt. Nun ist ein DAX keine Aktie und ebenso kein Aktienfonds, in den sich investieren lässt. Aber dafür gibt es Produkte, die den DAX abbilden, weil sie ein Aktienportfolio bzw. einen Aktienfonds anlegen, der dieselben Anteile an Unternehmen und Vermögensverhältnisse aufweist, wie es der DAX selbst tut. Diese Aktienfonds werden aufgrund ihrer speziellen Eigenschaften ETFs genannt. Unter die speziellen Eigenschaften fällt, dass sie nur mit geringem Aufwand gemanagt werden müssen: Während herkömmliche aktiv gemanagte Aktienfonds einen Fondsmanager in Anspruch nehmen, der Analysen tätigt und das Portfolio wohlüberlegt zusammenstellt, ist das Portfolio bei den ETFs bereits durch den DAX präzise definiert. Da sich die Annahme, dass sich Volkswirtschaften auf lange Sicht weiterentwickeln, bewährt hat, gilt ein Investment in ETFs – die schließlich nichts anderes als eine Abbildung der Wirtschaft oder einzelner Branchen darstellen – als sicher und im Hinblick auf die Gebühren kostenarm.

So weit, so gut ...

❖ Fonds vereinen eine Mehrzahl an Wertpapieren in sich
❖ Es können Aktien verschiedener Unternehmen oder Aktien und andere Wertpapiere sowie Produkte (Immobilien, Derivate, Anleihen) in einem Mix im Portfolio enthalten sein

---

> ❖ ETFs sind eine besondere Art von Aktienfonds, die einen geringen Kostenapparat aufweisen und Indizes abbilden; somit imitieren sie die Entwicklung der Wirtschaft oder einzelner Wirtschaftszweige

Der An- und Verkauf von Fonds verläuft genauso wie der An- und Verkauf von Aktien an der Börse. Eine Ausnahme stellen geschlossene Fonds dar: Diese kaufen Anleger außerhalb der Börse und müssen sie auch dort verkaufen. Dadurch entstehen Komplikationen, da sich außerhalb der Börse schwerer Anleger finden lassen und die Abwicklung von Geschäften weniger Regularien unterliegt. Bei offenen Fonds an der Börse haben Sie die Möglichkeit, An- und Verkäufe schnell zu realisieren. In einigen Fällen erfolgt sogar der sofortige Rückkauf der Fondsanteile durch die Fondsgesellschaft selbst, falls Anleger verkaufen möchten. Die Dividendenzahlungen erfolgen bei einem Fonds ebenso wie bei einzelnen Aktien und richten sich nach den Entscheidungen der Unternehmen, deren Aktien Anleger im Fonds halten.

Was gibt den Fonds denn eine Daseinsberechtigung und spricht für ein Investment?

Auf den ersten Blick mag es aufregender klingen, mehr Anteile von einem oder zwei Unternehmen aufzukaufen, als das Geld in einen Fonds zu investieren, der einen „bunten" Mix aufweist. Während ein oder zwei gekaufte Aktien zunächst zielgerichtetes und fokussiertes Investment suggerieren, erweckt die Investition in eine Vielzahl an Unternehmen den Eindruck eines „Ramschgeschäfts". Dies ist aber nur der Eindruck. In der Tat weisen Fonds essenzielle Vorteile auf, von denen insbesondere Kleinanleger und Anfänger profitieren. Die folgend genannten Punkte sind für Sie wichtig und symbolisieren einige der Grundsätze im Aktienhandel:

- Risikostreuung
- Klare Strategie
- Bewährte Produkte

Das Prinzip der Risikostreuung bedeutet, dass das Risiko auf mehrere Aktien verteilt wird. Daraus ergibt sich der Vorteil, dass die Verluste einer oder mehrerer Aktien durch die Gewinne der verbliebenen Aktien aufgefangen werden. Dies gilt ebenso für andere Anlageklassen: Hält eine Wirtschaftskrise Einzug, dann lohnt es sich beispielsweise, Edelmetalle im Portfolio zu haben. Denn insbesondere das Gold verbuchte in Krisenzeiten immer große Wertanstiege. Mehr zum Prinzip der Risikostreuung erfahren Sie gegen Ende dieses Kapitels.

Eine klare Strategie ist ein weiterer elementarer Bestandteil der Investitionen in Fonds. Kein Fonds wird „bunt" zusammengestellt, auch wenn es für Anleger vereinzelt so aussehen mag. Zwar gibt es Fonds, die schlechte Performances aufweisen, doch diese filtern Sie anhand der Renditeübersichten der letzten Jahre heraus und meiden diese. Professionelle Fonds verfolgen eine Strategie: Sie sind nach einer oder zwei Branchen ausgerichtet. Die Branchen können beispielsweise so gewählt sein, dass sie miteinander korrelieren. Dies bedeutet, dass die Verluste der einen Branche der anderen Branche Gewinne bescheren. Durch eine gute Anlagestrategie des Fondsmanagers wird beispielsweise mit dem sogenannten Rebalancing (*für Rebalancing siehe Kapitel 3*) dafür gesorgt, dass die Aktien innerhalb des Fonds immer zu den Hochständen teuer verkauft und zu Tiefständen günstig gekauft werden. Dies als ein Beispiel. Weitere klare Ausrichtungen von Fonds können Trends sein, die sich bemerkbar machen. So gibt es z. B. Grüne Fonds für ökologisch orientierte Anleger. Jene Anleger, die Wert auf regelmäßige Gewinnausschüttungen legen, profitieren von „Dividenden-Fonds", die eine Auswahl der Unternehmen enthalten, die am zuverlässigsten und lukrativsten Dividenden ausschütten. Zuletzt gibt es noch die ETFs, die aufgrund ihrer Abbildung von Indizes eine klare und einfache Ausrichtung aufweisen.

Wählen Sie aus dem großen Angebot richtig, dann erhalten Sie mit dem jeweiligen Fonds ein bewährtes Produkt. Insbesondere die Investmentgesellschaft *Blackrock* verkauft renommierte Fonds, die mit jährlichen Kurszugewinnen von über 20 % über längere Zeiträume konstant zu überzeugen wissen.

So weit, so gut ...

❖ Fonds streuen das Risiko und verteilen es auf mehrere Aktien oder Wertpapiere verschiedener Arten

❖ Durch die Risikostreuung erhalten Anleger eine größere Sicherheit; eintretende Verluste von einigen Wertpapieren im Portfolio werden durch Gewinne anderer Wertpapiere abgefangen

❖ Fonds erhalten durch ihre Einordnung bzw. Anlagestrategie eine klare Ausrichtung, sodass sie ein zielgerichtetes Investment darstellen

❖ Mit dem Kauf von Fonds besteht die Aussicht auf renommierte Produkte, was die Sicherheit der Anleger nochmals steigert

---

Anleger müssen einen Fonds nicht zwingend bei einem Anbieter kaufen. Es ist ebenso möglich, ein eigenes Portfolio zusammenzustellen. Wie Sie dies machen, erfahren Sie in Kapitel 5. Durch eine eigene Zusammenstellung sinken die Kosten und es können Erfahrungen an der Börse gesammelt werden. Denn nur, wer anfangs den Mut hat, mit geringem Kapital eigene Wege zu gehen und auch mal Fehler zu machen, wird zu einem echten Profi an der Börse und die Chance haben, auf lange Sicht sogar den Markt oder zumindest andere Fondsanbieter zu schlagen.

Anleihen

Anleihen sind wie Kredite, die der Anleger an den Kreditnehmer vergibt. Kreditnehmer können Staat, Bundesländer, staatsnahe Institute, Banken sowie anderen Kreditinstitute und Unternehmen sein. Wollen diese Akteure Kapital beschaffen, dann haben sie die Option, Anleihen herauszugeben. Diese werden gestückelt, sodass sich das insgesamt benötigte Kapital auf mehrere Anleihen verteilt. Nun investieren Anleger an der Börse in diese Anleihen und es sammelt sich sogar bereits aus kleineren Beiträgen das insgesamt benötigte Kapital zusammen.

Für gewöhnlich werden die Anleihen als Wertpapiere zu einem festen Zinssatz herausgegeben. Dann gibt es einen konstanten Zinssatz, der Jahr für Jahr gezahlt wird und sich nachträglich nicht ändert. Nach Ablauf der Laufzeit wird die geliehene Summe zurückgegeben. Behalten Anleger ihre Anleihen bis zum Ende der Laufzeit, dann sind die Zinsen, die zwischendurch gezahlt werden, der einzige Profit. Möchten Anleger die Anleihe nicht bis zum Ende der Laufzeit behalten, dann besteht die Option des Verkaufs an der Börse. Der Kurswert einer Anleihe setzt sich zusammen aus der Restlaufzeit und aus dem Verhältnis des in der Anleihe zugesicherten Zinses zum Marktzinsniveau. Je weiter der zugesicherte Zins in der Anleihe oberhalb des Marktzinsniveaus liegt, umso lukrativer ist die Anleihe und umso höher wird sie bewertet. Der Grund dafür: Der Markt liefert einen niedrigeren Zins, folglich ist die Anleihe lukrativer als der Markt.

Neben diesen festverzinslichen Wertpapieren gibt es Anleihen als Pfandbriefe, inflationsindexierte Anleihen und Aktienanleihen, um nur einige der Möglichkeiten zu nennen.

Pfandbriefe liefern bei Investition eine besondere Art der Besicherung, nämlich indem Inventar von Unternehmen oder Grundpfand im Falle des Zahlungsausfalls zugesichert wird. Inflationsindexierte Anleihen bieten Schutz vor der Inflation, indem sie der Inflationsrate angepasst werden. Die Aktienanleihen wiederum geben Unternehmen die Möglichkeit, den Anleihebetrag am Ende der Laufzeit in Form von Aktien des Unternehmens zurückzuzahlen.

So weit, so gut ...

❖ Kauft ein Anleger Anleihen, handelt es sich meistens um festverzinsliche Wertpapiere, bei denen auf den investierten Betrag über eine bestimmte Laufzeit Zinsen gezahlt werden. Nach Ende der Laufzeit wird der investierte Betrag zurückgezahlt.

❖ Neben den festverzinslichen Wertpapieren gibt es u. a. mit den Pfandbriefen, inflationsindexierten Anleihen und Aktienanleihen weitere Arten von Anleihen.

❖ Sämtliche Anleihen lassen sich an der Börse kaufen und verkaufen, wobei die Restlaufzeit und der zugesicherte Zins im Vergleich zum Marktzinsniveau über den Kurswert einer Anleihe entscheiden.

Zwar suggerieren die festverzinslichen Anleihen Sicherheit, da der investierte Betrag zurückgezahlt wird und zudem über die Dauer der Laufzeit hinweg festgelegte Zinsen gezahlt werden. Doch die Realität kann anders aussehen: Zum einen ist die Inflation ein Störfeuer, welches bereits bei kurzen Laufzeiten den Zins hinunterrelativieren kann. Zum anderen ist längst nicht zugesichert, dass die Zinsen sowie der investierte Betrag zum vereinbarten Zeitpunkt oder überhaupt zurückgezahlt werden. Genauso, wie sich Banken einen

Überblick über die Bonität von Kreditnehmern verschaffen, um das Risiko abzuschätzen, wird auch bei börsennotierten Unternehmen eine Risikoeinschätzung abgegeben. Auch Staaten werden Bewertungen unterzogen. Renommierte Rating-Agenturen sind *Fitch*, *S&P* sowie *Moody's*. Die Ratings erfolgen anhand von Buchstaben, wobei AAA das Beste ist. Ein Überblick über die Ratings gibt Informationen zur Risikoeinschätzung. Darüber hinaus veröffentlichen die Rating-Agenturen häufig Artikel, Beiträge und Berichte über die Vergabe ihrer Ratings. So lassen sich Begründungen fürs Rating einholen, die zudem Aufschlüsse über die Situation des Unternehmens verleihen. Auf Basis der Ratings lassen sich die Zinsen auf die Anleihen gut nachvollziehen. Während sich einige Personen darüber wundern mögen, dass es bei Anleihen des Staates Deutschland einen negativen Zins gibt, lässt sich dies mit der hohen Kreditwürdigkeit und dem geringen Verschuldungsgrad Deutschlands erklären.

Hinweis!

Ein negativer Zins bedeutet, dass Sie kein Geld erhalten, sondern Geld zahlen müssen. Dies hat zur Folge, dass Sie als Anleger bei einem festverzinslichen Wertpapier mit negativen Zinsen selbst Gebühren zahlen müssen. Bei Unternehmen und Staaten mit hoher Kreditwürdigkeit tauchen Negativzinsen auf, weil davon ausgegangen wird, dass die Anlage besonders sicher ist und deshalb diesen Preis wert ist.

Bei den USA hingegen mit ihrer höheren Verschuldung ist das Risiko einer Anleihe größer, weswegen Anleger von positiven Zinsen profitieren. Es zeigt sich an dieser Stelle, dass an der Börse allem voran die Anleger ihr Geld gewinnbringend anlegen, die bereit sind, ein Risiko bei der Geldanlage einzugehen. Jene Anleger, die möglichst wenig Risiko eingehen möchten, machen geringere Gewinnen oder sogar – im Falle von Anleihen – unter Umständen einen Verlust.

Devisen

Beim Handel mit Devisen wird in Landeswährungen investiert. Wer beispielsweise darauf spekulieren möchte, dass sich der US-Dollar in Relation zum Euro stark entwickelt, hat die Möglichkeit, aus dem Euro heraus in US-Dollar zu investieren. Der Devisenhandel erfolgt in der Regel in kurzen Zeiträumen innerhalb eines Tages. Somit sind wir beim spekulativen Daytrading angelangt. Allerdings erfolgt beim Devisenhandel eine hochpräzise Analyse mit entsprechenden Instrumenten. Daytrader achten dabei auf den sogenannten „Pip". Dies ist die vierte Stelle nach dem Komma beim Kurs einer Währung. Zeigt sich bei diesem Pip ein Anstieg und auch sonst entwickelt sich die Tendenz nach oben, so wird ein hoher Betrag investiert. Liegt der Kurs einer Währung zur anderen beispielsweise bei Beginn des Investments bei 3,5678 und steigt auf 3,5697, dann wurde ein Gewinn von 0,0019 realisiert, was 19 Pips entspricht. Bei einem Investment von 100.000 Einheiten einer Währung in eine andere entstünde nach dem Umtausch in die Ausgangswährung somit ein Gewinn von 190 Einheiten. Der Devisenmarkt ist hochspekulativ, aber stark im Trend. Die folgende Tabelle zeigt die Entwicklung des durchschnittlichen Umsatzes pro Handelstag am globalen Devisenmarkt:

Jahr	Weltweiter Umsatz pro Handelstag
1989	539 Mrd. US-Dollar
1992	817 Mrd. US-Dollar
1995	1,182 Bio. US-Dollar
1998	1,527 Bio. US-Dollar
2001	1,239 Bio. US-Dollar
2004	1,934 Bio. US-Dollar

2007	3,324 Bio. US-Dollar
2010	3,973 Bio. US-Dollar
2013	5,357 Bio. US-Dollar
2016	5,066 Bio. US-Dollar
2019	6,590 Bio. US-Dollar

Quelle: statista.com[2]

Der Devisenmarkt ist im Laufe der Zeit zum mittlerweile größten Markt im Hinblick auf einen einzelnen Handelstag geworden.

So weit, so gut ...

❖ Handel mit Devisen ist spekulativ und erfolgt als Form des Daytradings

❖ Es wird hochpräzise analysiert und auf die sogenannten „Pips" geachtet

❖ Hohe Einsätze sind für signifikante Gewinne erforderlich

❖ Der Devisenmarkt ist auf einen Handelstag gerechnet zum größten Finanzmarkt weltweit angewachsen

---

Letzten Endes kann der Handel mit Devisen auch in Form einer langfristigen Kapitalanlage erfolgen, wobei jedoch die Renditeaussichten äußerst gering ausfallen und der Devisenhandel umso mehr Einflüssen unterliegt. Zu diesen Einflüssen zählen u. a. die Realwirtschaft, die Kapitalströme sowie die Nachrichten. Unter die Realwirtschaft fallen

---

[2] https://de.statista.com/statistik/daten/studie/239512/umfrage/umsaetze-pro-handelstag-am-weltweiten-devisen-markt/

Faktoren wie das BIP (Bruttoinlandsprodukt), die Leistungs-
bilanz und andere Indikatoren, die es zu beobachten gilt, um
die Entwicklung der Landeswirtschaft zu bewerten. Bei den
Kapitalströmen wird beobachtet, wie viel Geld einem Staat
zufließt. Sollte dies aufgrund umfangreicherer Investoren-
tätigkeiten eine zunehmende Menge sein, dann zeichnet
sich ein Trend ab, dass die Währung steigen wird, weil die
Nachfrage im jeweiligen Staat höher ist. Die Nachrichten
als ein weiterer Indikator für die Bewertung der Devisen-
entwicklung sind neben der langfristigen Kapitalanlage in
Devisen allem voran beim Daytrading wichtig. Daytrader
erhalten über Push-Nachrichten alle wichtigen Meldungen
und Nachrichten aus bzw. zu einem Staat, die den Währungs-
kurs beeinflussen könnten. Sowohl innen- und außenpoliti-
sche Spannungen als auch Aktivitäten bestimmter Unternehmen haben das Potenzial, in Sekundenschnelle einen
An- oder Abstieg des Währungskurses zu verursachen.
Hinzu kommt, dass die Interpretation von Ereignissen und
Nachrichten grundverschieden sein kann. Was der eine
Anleger als positiv auffasst und als Grund zur Investition
in die Währung sieht, fasst die Gruppe anderer Anleger
als negativ auf, sodass es tatsächlich zu einem negativen
Kursverlauf und Verlust beim Investment kommt.

CFD-Handel

Der CFD-Handel ist ein weiteres spekulatives Instrument,
welches dem Daytrading zuzuordnen ist. Beim Kauf von
Differenzkontrakten (von: Contract for Difference, CFD)
wird auf Kursveränderungen spekuliert. Dabei ist die Differenz zwischen dem Ankaufspreis und Verkaufspreis einer
Aktie ausschlaggebend. Es wird also gewissermaßen darauf
gewettet, dass der Aktienkurs eine bestimmte Entwicklung
nimmt. Diese kann sowohl positiv als auch negativ sein. Im
Gegensatz zum gewöhnlichen Aktienhandel besteht somit

die Möglichkeit, auch am Verlust eines Unternehmens – sofern darauf gewettet wurde – zu profitieren. Auf das Einfachste heruntergebrochen, ließe sich zum CFD-Handel konstatieren, dass es wie ein Wettbüro ist: Wetten Sie auf einen Kursverlauf, der tatsächlich eintritt, so gehen Sie als Gewinner aus dem Investment hervor. Wichtig dürfte an dieser Stelle sein, dass Sie beim CFD-Handel kein Geld ins Unternehmen investieren und auch keine Anteile am Unternehmen erhalten. Stimmrechte, Dividendenzahlungen und andere Features einer Aktie entfallen. Der spekulative Charakter der CFDs wird dadurch erweitert, dass Hebel zur Anwendung kommen können: Je nach Anbieter ist ein Hebel von 1:10, 1:20 oder gar 1:30 möglich. Die erste Zahl – vor dem Doppelpunkt – verweist auf das von Ihnen eingesetzte Kapital, während die zweite das Vielfache Ihres Einsatzes widerspiegelt, mit dem letztendlich operiert wird. Setzen Sie beispielsweise 300 € auf einen Kursverlust um einen bestimmten Mindestbetrag in einem festgelegten Zeitrahmen und wählen einen Hebel von 1:20, dann wird das eingesetzte Kapital mit 20 multipliziert und damit operiert. So ist es bei einem Einsatz von 300 € so, als würden Sie 6.000 € setzen. Doch Achtung: Sie müssen anfangs nur die 300 € hinterlegen, doch bei einem Verlust müssen Sie die verbliebenen 5.700 € nachzahlen. Gesteigerte Gewinnchancen gehen mit erheblichem Verlustrisiko Hand in Hand. Glücklicherweise kann jeder Anleger über die Anwendung von Hebeln sowie deren Höhe selbst entscheiden.

So weit, so gut ...

❖ Beim CFD-Handel wird nicht mit Aktien gehandelt, sondern mit den CFDs, die eine eigene hochspekulative Wertpapiersorte sind

> ❖ Es kann sowohl auf Kursgewinne als auch auf Kursverluste gewettet werden
>
> ❖ Durch den Einsatz von Hebeln wird das eingesetzte Kapital erhöht, was gleichermaßen hohe Gewinnchancen wie hohes Verlustrisiko zur Folge hat

CFD-Handel wird von Online-Brokern angeboten. Zahlreiche Anbieter spezialisieren sich auf den Handel mit Differenzkontrakten und lassen andere Angebote außen vor. Neben dem CFD-Handel mit Aktien werden CFDs für Kryptowährungen, ETFs und weitere Finanzprodukte angeboten. Im zweiten Kapitel erfahren Sie, welche Broker es gibt und welche Angebote diesbezüglich bei Banken erhältlich sind. Dort werden Sie die Anlaufstellen für den CFD-Handel kennenlernen.

Optionsscheine

Optionsscheine gehören der Gruppe der Derivate an, die die risikoreichen Wertpapierarten umfassen. Zu dieser Gruppe zählen übrigens auch Anleihen und CFDs. Optionsscheine haben die Besonderheit, dass sie das Recht gewähren, einen Basiswert in der Zukunft zu einem vorab definierten Preis zu kaufen. Dies bedeutet, dass ein Anleger, der z. B. auf einen Rohstoff spekulieren möchte, einen Optionsschein holt, der es ihm ermöglicht, diesen Rohstoff in der Zukunft zu einem bestimmten Preis zu kaufen. Sollte der Rohstoff an Wert gewinnen und die im Optionsschein verankerte Summe zur Kaufoption liegt niedriger, dann ist die Realisierung der Option lukrativ. Denn der Anleger erhält den Rohstoff zu einem geringeren Preis als den, der marktüblich ist. Sollte der Preis nicht lukrativ sein, weil der Preis des Rohstoffs sich schlecht entwickelt hat und die Option teurer als der

Rohstoff ist, dann steht es dem Anleger frei, die Option nicht wahrzunehmen.

Es existieren verschiedene Arten von Optionsscheinen. Dazu gehören einerseits die Call-Optionsscheine, andererseits die Put-Optionsscheine. Erstere gewähren die Option, den Basiswert zu einem bestimmten Preis zu kaufen, letztere wiederum die Option, den Basiswert zu einem bestimmten Preis zu verkaufen. Des Weiteren wird in europäische und amerikanische Optionsscheine unterteilt: Bei den europäischen Optionsscheinen kann die Option zum Kauf oder zur Veräußerung erst am Ende der Laufzeit gezogen werden, bei amerikanischen hingegen über die komplette Dauer der Optionslaufzeit. Zuletzt besteht ein Unterschied in der Form der Wahrnehmung der Option. So muss der Verkäufer der Option, der Stillhalter genannt wird, entweder nach Wahrnehmung der Option durch den Käufer den Basiswert liefern oder er gleicht die Differenz zwischen dem Kaufpreis und dem verankerten Basispreis in der Option durch eine Zahlung aus.

So weit, so gut ...

❖ Optionsscheine gewähren dem Käufer die Option, einen Basiswert (ob Aktie, Rohstoff, Nahrungsmittel, ETF oder andere handelbare Werte) in der Zukunft zu einem bestimmten Preis zu verkaufen oder zu kaufen

❖ Der Verkäufer der Option ist als Stillhalter zum Kauf bzw. Verkauf des Basiswerts verpflichtet, sofern es der Käufer der Option verlangt

❖ Optionsscheine unterteilen sich in Call- und Put-Scheine sowie in europäische und amerikanische Varianten

Optionsscheine lassen sich auch vor Auslaufen der Optionsdauer verkaufen. In diesem Fall bilden die Faktoren Basiswert, Basispreis, Laufzeit und Bezugsverhältnis den Optionsscheinkurs. Der Basiswert ist die Art des Wertpapiers, auf welches die Option ausgesprochen wird. Der Basispreis wird häufig Ausübungspreis genannt und ist der Betrag, zu dem die Option gezogen werden kann. Bei der Laufzeit zählt die noch verbliebene Laufzeit der Option. Das Bezugsverhältnis wiederum fasst zusammen, wie viele Optionsscheine gekauft werden müssen, um das Optionsrecht überhaupt ausüben zu dürfen[3]. Sollte das Bezugsverhältnis 20:1 lauten, dann müssen Sie 20 Optionsscheine kaufen, um die Option realisieren zu dürfen. Aus all diesen Größen im Verhältnis zum gegenwärtigen Wert des Basiswerts (bei einer Aktie beispielsweise der Kursverlauf) wird ein Kaufpreis für den Optionsschein gebildet, zu dem Sie diesen zwischendurch verkaufen können.

Beispiel

Es existieren zwei verschiedene Optionsscheine für eine Aktie. Der eine hat eine Restlaufzeit von 2 Jahren und weist bereits einen höheren Kurswert der Aktie auf als der Ausübungspreis des Optionsscheins ist. Beim zweiten Optionsschein wiederum hat sich der Basiswert schlechter entwickelt als gedacht. Bei ebenfalls zwei Jahren Restlaufzeit ist der Ausübungspreis höher als der aktuelle Kurswert der Aktie. Welcher Optionsschein ist mehr wert? Natürlich der erste, da er bereits einen Wertanstieg verzeichnet hat und auf die Restlaufzeit gesehen ein geringeres Risiko birgt als der zweite Optionsschein.

---

[3] https://www.boerse.de/grundlagen/optionsschein/

Letzten Endes spielen in der Bewertung noch viele weitere Faktoren, wie z. B. die jeweilige Branche und das Land sowie dessen wirtschaftliche Situation, eine Rolle, um zwei Optionsscheine zu vergleichen und deren Risikoklassen zu evaluieren. Das Beispiel bezog sich nur auf die grundlegendsten Merkmale speziell der Optionsscheine, um den gesamten Sachverhalt vereinfacht zu erklären.

Welche Wertpapiere sind nahezulegen?

Einsteiger an der Börse profitieren von einem Risiko, das in Relation zu den Renditeerwartungen angemessen ist. Gleiches trifft auf Profis zu. Somit empfehlen sich dem Großteil der Anleger Kapitalanlagen in Aktien und Fonds; unter letzteren sei ein verstärktes Augenmerk auf die ETFs geworfen. Zur breiten Streuung eines eigenen Aktienportfolios dürfen auch Anleihen beigemischt werden. Diese gehören bereits den Derivaten an und stehen für ein größeres Risiko, aber sind vergleichsweise noch als gering riskant einzustufen. Wesentlich unsicherer sind der Devisenhandel, CFD-Handel sowie der Handel mit Optionsscheinen. Hier sind Einsteiger am besten damit beraten, Abstand zu nehmen und zunächst Erfahrungen mit den weniger riskanten Anlageklassen zu sammeln. Nach der Sammlung dieser Erfahrungen ist ein Einstieg in den Handel mit Derivaten möglich, jedoch nur in einem geringen Volumen, da die hochspekulativen Aktivitäten Suchtpotenziale und hohe Verlustrisiken bergen. Langfristig orientierte und professionelle Anleger werden den Weg hauptsächlich über Aktien, Fonds und ETFs gehen. Dementsprechend wird auf diese Anlageklassen in dem Ratgeber in den Folgekapiteln verstärkt eingegangen.

Die Börse im Schnellüberblick

Die Börse ist der Handelsplatz für die in diesem Kapitel vorgestellten Wertpapiere und weitere Wertpapierarten sowie vereinzelt auch Waren. Die in Deutschlands bekannteste Börse, an der der DAX gebildet wird, ist die Frankfurter Börse. Weitere Handelsplätze sind in Berlin, Stuttgart und Hamburg; um nur einige Namen zu nennen.

Es gibt auch verschiedene Arten von Börsen. Es existiert beispielsweise die Wertpapierbörse, welche die größte heutige Börsenart ist. Hier erfolgt der Handel mit Aktien, Wertpapieren und Derivaten. Die Wertpapierbörse gewährleistet eine fortlaufende Notation der Kursentwicklungen von Unternehmen. Der Begriff „Börse" wird heutzutage synonym für die Wertpapierbörse verwendet. Wenn Sie also von der Börse hören, ist stets die Wertpapierbörse gemeint.

Neben der Wertpapierbörse existieren Terminbörse, Warenbörse und Devisenbörse. Die Terminbörse ist auf den Handel mit sämtlichen Derivaten ausgerichtet, die ein Geschäft oder eine Option für eine Zukunft beinhaltet; also beispielsweise die Optionsscheine. Bei der Warenbörse wiederum werden Waren gehandelt. Diese greifbaren Güter können einerseits landwirtschaftliche Erzeugnisse, andererseits Rohstoffe und weitere Naturprodukte sein. An der Warenbörse werden die Preise der Güter abgebildet. Die Devisenbörse wiederum ist auf den Handel mit internationalen Zahlungsmitteln – also Währungen – ausgerichtet. Staatliche Kontrolle und amtliche Makler gewährleisten einen reibungslosen Ablauf. Außer den genannten Börsen sind mit börsenähnlich organisierten Märkten weitere Handelsplätze gegeben, darunter bei der Strom-, Dienstleistungs- sowie Softwarebörse[4].

---

[4] Günther, F.: *Cleverer Vermögensaufbau mit Aktien.* 2018.

Ist das zu glauben!?

Mit dem Emissionshandelssystem existiert ein Handelsplatz für die Rechte zum Ausstoß von Abgasen. Unternehmen bekommen vom Staat gewisse Grenzen auferlegt, was den Ausstoß von Kohlendioxid und weiterer Abgase anbelangt. Jene Unternehmen, die diese Grenzen nicht ausreizen oder die angestrebte Klimaneutralität erreicht haben, benötigen die Rechte nicht komplett bzw. gar nicht. In diesem Fall haben sie im Emissionshandelssystem die Möglichkeit, diese Rechte an andere Unternehmen zu verkaufen, die mit ihrem Abgasausstoß die Grenzen überschreiten würden.

Die Kurse für Wertpapiere werden an der Börse aus den An- und Verkaufspreisen gebildet. Es sind Charts verfügbar, die den Kursverlauf grafisch abbilden. Zudem sind auch die wichtigsten Kennzahlen für Unternehmen meistens bereits an der Börse aufgeführt und vereinfachen eine Einschätzung des Unternehmens. Mehr dazu in den Folgekapiteln.

Regeln an der Börse

An der Börse existieren Regeln, um die Transparenz der Unternehmen zu gewährleisten und Marktmanipulation zu verhindern. Zur Transparenz der Unternehmen tragen unter anderem die Vorschriften bezüglich der Bilanzierung und des Rechnungswesens bei. Die Jahresabschlussberichte der Unternehmen und eventuelle weitere Berichte sind für sämtliche Anleger frei zugänglich und im Internet abrufbar.

Was die Marktmanipulation angeht, so sind allem voran Maßnahmen gegen den Insiderhandel wichtig. Unter Insiderhandel fällt der Handel mit Informationen, die den Kursverlauf einer Aktie beeinflussen könnten. Eine Person

31

aus dem Unternehmen ist ein sogenannter Insider. Sobald diese Person Informationen unter Ausschluss der Öffentlichkeit an eine einzige Person vermittelt, kann diese Person die Informationen nutzen, um auf eine Veränderung des Kurses zu spekulieren. Es handelt sich also um einen Betrug durch einen Vorteil gegenüber anderen Aktionären. Ein Insiderhandel kann einerseits Auswirkungen auf das Unternehmen, andererseits auf die Anleger haben. Wer beispielsweise besonders günstig eine hohe Menge an Aktien durch Insiderhandel aufkauft, erlangt unter Umständen einen weitreichenden Einfluss im Unternehmen.

Kursrelevante Informationen, deren Weitergabe an Einzelne als Insiderhandel gewertet werden kann, sind z. B. die folgenden (vgl. Günther, 2018):

- Kauf oder Verkauf von Unternehmensbereichen
- Beteiligungen an Gesellschaften durch das Unternehmen
- Verringerung oder Erhöhung der Dividendenzahlungen
- Produktneuheiten des Unternehmens
- Umstrukturierungen innerhalb eines Unternehmens

Unternehmen sind verpflichtet, Nachrichten wie diese im Voraus zu veröffentlichen. Die Veröffentlichungspflicht bzw. ad-hoc-Publizität ist in § 15 des WpHG (Wertpapierhandelsgesetz) verankert. Dadurch kommen alle Akteure auf dem Markt auf denselben Wissensstand und es wird unerwarteten plötzlichen Kursentwicklungen vorgebeugt. Dies steigert das Vertrauen in den Kapitalmarkt sowie dessen Entwicklung. In dem Paragrafen sind im Rahmen der Veröffentlichungspflicht auch die Jahresabschlüsse erwähnt, die eine Bilanz, Kapitalflussrechnung, Gewinn- und Verlustkostenrechnung sowie einen Anhang mit wichtigen Erläuterungen zu diesen Komponenten enthalten sollen.

Hinweis!

Für die Jahresabschlüsse kommen verschiedene Standards infrage. Bei einzelnen Gesellschaften in Deutschland sind Jahresabschlüsse nach den Regelungen des Deutschen Handelsgesetzbuchs (HBG) oder nach internationalen Standards (IFRS) möglich. Ist das Unternehmen jedoch ein Konzern – also ein Zusammenschluss mehrerer Gesellschaften – so ist ein Jahresabschluss nach internationalen Standards verpflichtend. Welche Unterschiede die verschiedenen Standards einbringen, erfahren Sie im dritten Kapitel, in dem u. a. Unternehmensbewertungen zur Einschätzung einzelner Aktien behandelt werden.

Werden durch die BaFin (Bundesanstalt für Finanzdienstleistungsaufsicht) Fehler in den Jahresabschlüssen festgestellt, dann erfolgt eine Sanktionierung des Unternehmens und eine Verpflichtung zur Korrektur. Schließlich sollen die Jahresberichte die reale Lage des Unternehmens widerspiegeln und eine möglichst zuverlässige Einschätzung der Unternehmenssituation ermöglichen.

Neben den genannten Maßnahmen zur Vermeidung des Insiderhandels und für die Transparenz an der Börse gibt es auch Maßnahmen gegen die Marktmanipulation. Eine Marktmanipulation ist auf verschiedenen Wegen möglich, wozu u. a. das Streuen falscher Gerüchte gehört; in diesem Fall ist des Öfteren die Rede von der sogenannten „selbsterfüllenden Prophezeiung": Wenn eine Person, die am Kapitalmarkt in irgendeiner Form tätig ist, behauptet, dass die Übernahme eines Unternehmens durch einen Konkurrenten bevorsteht, obwohl dies nicht der Fall ist, erwarten Anleger bei dem expandierenden Unternehmen einen Anstieg des Aktienkurses und investieren dementsprechend. Hat die

Person jedoch gelogen und es steht keine Übernahme bevor, dann nimmt der Kurs einen unnatürlichen Verlauf – Marktmanipulation.

Ist das zu glauben!?

Elon Musk, der Gründer und Geschäftsführer des E-Autobauers *Tesla*, postete 2018 einen Tweet, in dem er ankündigte, *Tesla* von der Börse nehmen zu wollen. Dafür hätte er 70 Milliarden US-Dollar aufbringen müssen. Es war letzten Endes nichts als heiße Luft. *Tesla* ist auch heute noch an der Börse, Elon Musk wurde wegen Marktmanipulation verurteilt. Der Börsenwert von *Tesla* stieg zwischendurch um mehrere Milliarden US-Dollar nach seiner Ankündigung, ehe er rapide um noch mehr Milliarden fiel. Für Elon Musk mündete seine Aktion in einer Geldstrafe von mehreren Millionen US-Dollar.

Neben dieser Art der Marktmanipulation existiert das Cornering, bei dem einzelne Aktionäre die Aktien einer Gesellschaft oder Warengruppe komplett aufkaufen. Daraufhin ist es möglich, den Preis selbst festzulegen. Berühmt ist in diesem Kontext der Fall der Gebrüder Hunt, die in den Siebzigerjahren in das Silbergeschäft einstiegen. Einige Milliarden US-Dollar genügten, um durch den Kauf von Wertpapieren die Kontrolle über den Markt für Silber zu erlangen. Die Preise für Silber, die bereits zu Beginn der Ankaufstrategie hoch waren, stiegen umso mehr. Mit den steigenden Preisen jedoch etablierte sich ein größeres Angebot auf dem Markt, weswegen die Gebrüder Hunt immer wieder aufs Neue Silber zukaufen mussten, um die Kontrolle zu behalten. Die finanziellen Mittel der Gebrüder waren jedoch im Silber gebunden, sodass sie für liquide Mittel Kredite aufnehmen mussten. Als sie es nicht hinbekamen, die Verbindlichkeiten zu tilgen und kein Silber hinzukaufen konnten, etablierte sich durch die Konkurrenz ein günstigeres Angebot auf dem Markt. Mit dem gesunkenen Silberpreis kam das Konstrukt der Gebrüder zum Einsturz. Sie vermeldeten im Jahre 1989 ihren Bankrott und mussten Schadensersatzzahlungen leisten.

Die Geschichte lehrt, sich an die Regeln an der Börse zu halten, um Sanktionierungen zu vermeiden. Die Marktmissbrauchsverordnung (MMVO) unterliegt im Rahmen ihrer Modifikationen regelmäßigen Verschärfungen. Mittlerweile ist sogar der Versuch der Marktmanipulation strafbar. Insgesamt ist mit folgenden Strafen bei Marktmanipulation zu rechnen:

- Einzelpersonen: Bis zu fünf Jahre Freiheitsstrafe und bis zu 5 Millionen Euro Geldstrafe
- Bei gewerblichen Handlungen: Bis zu zehn Jahre Freiheitsstrafe
- Unternehmen: Zwischen fünf und 15 Millionen Euro Geldstrafe

Was brauche ich für den Aktienhandel?

Der Handel mit Aktien bzw. die langfristige Geldanlage in Aktien bedarf dreierlei: Bankkonto (im Idealfall ein prall gefülltes, aber auch mit kleineren monatlichen Beträgen lässt sich auf lange Sicht einiges erreichen), Depot und Broker. Während die erste Komponente bekannt sein dürfte, erwecken die anderen beiden Komponenten womöglich Fragezeichen. Was ist mit Depot und Broker gemeint und wieso spielen sie eine wichtige Rolle beim Wertpapierhandel?

Depot

Das Depot lässt sich als Konto für Wertpapiere bezeichnen. Um mit Wertpapieren zu handeln, ist ein Depot erforderlich, da es sich nicht um Geldwerte handelt. Geldwerte lagern auf Bankkonten und dienen der Bezahlung. Doch Anteile an Unternehmen oder Optionsscheine können nicht auf einem Bankkonto lagern. Ein Depot ist bei jeder Bank erhältlich, ebenso bieten Online-Broker Depots an. Mit dem Broker sind wir beim nächsten Punkt angekommen ...

Broker

Ein Broker handelt mit Wertpapieren. Sie selbst als Anleger dürfen dies nämlich nicht, da eine Lizenz erforderlich ist. In die Pflichten eines Brokers gehört aus Ihrer Perspektive womöglich nur der An- und Verkauf, doch in der Tat haben Broker weitere Aufgaben, wie z. B. die ordnungsgemäße Bildung der Aktienkurse auf Basis des letzten An- und Verkaufspreises eines Wertpapiers. Brokern werden somit durch Anleger die Orders (Befehle; treffender: Aufträge) zum Kauf oder Verkauf erteilt und diese Orders erfüllt der Broker. Dies kostet zwar, ist jedoch unumgänglich. Eine geringe Anzahl an Brokern bietet den Wertpapierhandel ohne Ordergebühren an, jedoch geht dies meistens mit Einschränkungen einher, z. B. weniger Börsen.

Bankkonto

Das Bankkonto als drittes Glied ist essenziell, um Geld für den Kauf von Wertpapieren überweisen, Dividendenausschüttungen erhalten und Erlöse aus dem Verkauf von Wertpapieren empfangen zu können. Da ein Aktienhandel privat stattfindet, ist das Girokonto vollkommen ausreichend. Beim gewerblichen Handel mit Aktien ist das Geschäftskonto anzugeben.

Wie wird gehandelt?

Es wird ein Depot bei einer Bank oder einem Online-Broker eröffnet. Hierzu erfolgen im nächsten Kapitel genaue Ratschläge mit konkreten Empfehlungen. Bei der Eröffnung müssen persönliche Daten angegeben werden, wozu u. a. die Bankverbindung zählt. Nach der Einrichtung eines Depots können die Aktien ausgewählt und direkt angekauft werden. Dies erfolgt über Orders an den Broker.

Grundlegende Begriffe: Von der Konjunktur über die Dividende bis hin zum Cost-Average-Effect

In alphabetischer Reihenfolge werden in diesem Unterkapitel die wichtigsten Begriffe aus dem Aktienhandel, der Börse und dem Rechnungswesen von Unternehmen aufgeführt. Damit schließen die Grundlagen und es wird Raum für den Einstieg in den Aktienhandel geschaffen, womit sich das nächste Kapitel befasst. In diesem Unterkapitel werden Sie zwischendurch immer wieder nachschlagen können, falls ein Begriff auftaucht, der bei Ihnen Fragezeichen hervorruft.

Abschreibung/Amortisation
Unternehmen machen davon in den Gewinn- und Verlustkostenrechnungen Gebrauch. Der Kauf bestimmter Güter (z. B. Fahrzeuge, Immobilien, elektrische Geräte) muss über rechtlich vorgeschriebene Zeiträume abgeschrieben werden, um die Ausgabe steuerlich geltend zu machen. Abschreibungen und die Amortisation werden in der Steuererklärung den Ausgaben zugeordnet und mindern den Gewinn von Unternehmen.

ad-hoc-Meldungen
ad-hoc-Meldungen sind europaweit ein verpflichtendes Instrument für börsennotierte Unternehmen, um Insider-

handel entgegenzuwirken. Sollte eine Information im Unternehmen vorhanden sein, die den Börsenkurs beeinflussen könnte, ist das Unternehmen zur Herausgabe dieser Information in Form einer ad-hoc-Meldung verpflichtet. Andernfalls macht sich das Unternehmen strafbar. Anleger in Aktien sind bestens damit beraten, regelmäßig die Nachrichten zu verfolgen und sich auf mehreren Websites, die als hochwertige Informationsquellen einzustufen sind, Push-Nachrichten einzurichten, damit eine möglichst große Menge an ad-hoc-Meldungen schnell durchkommt und rechtzeitig durch den Kauf oder Verkauf von Aktien reagiert werden kann, falls Negativentwicklungen zu erwarten sind.

BaFin

BaFin ist die Kurzform der *Bundesanstalt für Finanzdienstleistungsaufsicht*. Sie ist für die Kontrolle des Finanzwesens in Deutschland zuständig. Dies umfasst einerseits die Bilanzierung und die Korrektheit des Rechnungswesens von Unternehmen, andererseits die Aktivitäten von Anlegern und den Handel an der Börse.

Bilanz

Die Bilanz stellt Einnahmen und Ausgaben eines Unternehmens einander gegenüber. Börsennotierte Unternehmen sind zu Bilanzen verpflichtet. Mindestens einmal im Jahr muss die Bilanz im Rahmen des Jahresabschlusses veröffentlicht werden. Unternehmen steht es frei, dies in Form von Halbjahres- und Quartalsberichten noch öfter zu machen. Insbesondere bei einem auffällig starken Quartal oder Halbjahr machen Unternehmen von entsprechenden Berichten Gebrauch.

Blue-Chips

Unternehmen, deren Bekanntheit über die Landesgrenzen hinaus geht, die eine hohe Bonität aufweisen, viele

Dividenden ausschütten und beste Wachstumsprognosen in Aussicht gestellt haben, sind hochqualitativ. Sie werden als Blue-Chips bezeichnet und sind für jedes Aktienportfolio eine Empfehlung.

Broker

Ein Broker ist ein Börsenmakler, der lizenziert ist und über den der Handel mit Wertpapieren durch Orders erfolgt. Auch außerhalb der Börse muss der Handel über einen spezialisierten Börsenmakler stattfinden.

Cost-Average-Effect

Der Cost-Average-Effect, zu Deutsch Durchschnittskosteneffekt, ist ein Phänomen, welches bei der regelmäßigen Anlage eines gleichbleibenden Betrags in Wertpapiere entsteht. Dies lässt sich optimal anhand eines Beispiels erklären:

- Sie kaufen immer Aktien eines Unternehmens.
- Im ersten Jahr sind es Aktien für einen Preis in Höhe von 200 €.
- Im zweiten Jahr und in den darauffolgenden 3 Jahren sind es ebenfalls 200 €.
- Nach fünf Jahren ist der Aktienkurs des Unternehmens gegenüber dem Beginn der Kapitalanlage um 5 € gesunken.
- Dennoch machen Sie am Ende Gewinn. Wie ist das möglich?

Die Tabelle gibt nähere Auskunft.

Jahr	Sparbetrag	Anzahl der gekauften Aktien
1	200 €	4
2	200 €	7
3	200 €	6

4	200 €	5
5	200 €	4

Anfangs kostet also eine Aktie 50 €. Der Preis sinkt mit der Zeit, sodass Sie zum selben Preis mehr Aktien einkaufen können. Zu Beginn des fünften Jahres ist der Wert stabilisiert und beträgt erneut 50 €, sodass im fünften Jahr wieder vier neue Aktien hinzugekauft werden. Am Ende des Jahres oder zu Beginn des sechsten Jahres entscheiden Sie sich, sämtliche Wertpapiere zu verkaufen. Der Kurs ist im Vergleich zum Anfangskurs von 50 € um 5 € gesunken und beträgt nun 45 €. Da der Kurs zwischendurch jedoch noch geringer war, haben Sie eine Vielzahl an Aktien günstig einkaufen können, von denen einige im Wert gestiegen sind.

Betrachten wir zunächst Ihr Gesamtinvestment: 1.000 €. Nun werfen wir einen Blick auf die Anzahl der gekauften Aktien: 26. Diese Anzahl der Aktien wird mit dem Stückpreis pro Aktie multipliziert, zu dem Sie die einzelnen Aktien verkaufen; also mit 45 € zu Beginn des sechsten Jahres. Das Ergebnis ist Ihr Verkaufserlös: 1.170 €.

Der Durchschnittskosteneffekt meint also das Phänomen, dass Sie die Kosten bei Sparplänen mit gleichbleibenden Beträgen pro Aktie auf den Durchschnitt runterrechnen müssen. Erst dann lassen sich Rückschlüsse darauf ziehen, ob im Vergleich zum Kurs bei der ersten Investition mit dem Kurs beim Verkauf ein Gewinn oder Verlust zu Buche steht.

DAX

Der DAX ist der *Deutsche Aktienindex*. Er bildet die 30 größten bzw. ertrags- und vermögensreichsten Unternehmen Deutschlands ab, deren Aktien an der Frankfurter Börse gehandelt werden. Der DAX ist ein international und national angesehener Leitindex und gibt wichtigen

Aufschluss über die wirtschaftliche Lage Deutschlands. Neben dem DAX gibt es weitere Indizes, wie z. B. den MDAX und den SDAX. Ersterer beinhaltet 60 Unternehmen, die auf die 30 stärksten nach denselben Kriterien folgen. Der SDAX enthält 70 weitere, kleinere Unternehmen, die auf die im MDAX folgen.

Depot

„Konto" für Wertpapiere. Hier werden Wertpapiere gelagert. Es handelt sich um keine Wertpapiere im physischen Sinne, wie es noch vor Zeiten der Digitalisierung war. Mittlerweile sind die Wertpapiere nichts anderes als Zahlen in einer Datenbank, die einer Person die Anteile zuordnen. Im Wertpapierdepot gibt es noch das sogenannte Musterdepot, in welches sich favorisierte Aktien ohne Kauf einlagern lassen, um deren Kursverlauf zu beobachten.

Dividende

Es handelt sich um die jährlichen Gewinnausschüttungen von Unternehmen an Aktionäre. Alternative Bezeichnungen sind Gewinnbeteiligung, Dividendenausschüttung und Dividendenzahlung. Anteilseigner haben – zumindest bei Vorzugsaktien – ein Anrecht auf die Dividende, jedoch kann das Unternehmen beschließen, keine auszuschütten, um ins Wachstum oder den Abbau von Schulden zu investieren.

Dow Jones

Es ist der „DAX der USA", der die 30 ertrags- und vermögensreichsten börsennotierten Unternehmen in den USA abbildet. Allerdings sind die Mechanismen, nach denen er aufgestellt wird, derart veraltet, dass er kritisiert wird. Beispielsweise sind Giganten wie *Apple* und *Amazon* nicht im Dow Jones gelistet. Der S&P500 liefert in den USA mehr Aussagekraft.

Euro STOXX

Auf Initiativen Deutschlands, der Schweiz und Frankreichs hin wurde im Februar 1998 die Indexfamilie *Euro-Stoxx* vorgestellt[5]. Das wichtigste Verzeichnis ist der Euro STOXX 50, der die 50 stärksten Unternehmen innerhalb der Euro-Länder abbildet.

Inflation

Steigt das allgemeine Preisniveau an, dann sinkt der Wert des Geldes. Dies wird als Inflation bezeichnet. Zur Ermittlung der Inflationsrate wird ein virtueller Warenkorb mit Waren des täglichen Verbrauchs gebildet. Je nachdem, wie stark die Produkte im Vergleich zum Vorjahr im Preis gestiegen sind, ist die Inflation anzusetzen. Angepeilt wird eine Inflationsrate von 2 %. In Deutschland war sie in den vergangenen Jahren geringer, während es in anderen Staaten andere Sätze gab. Neben der objektiven Inflation, die vom Amt nach dem beschriebenen Muster gebildet wird, existiert die subjektive Inflation: Jeder Bürger kauft andere Produkte und wird die Inflation in anderem Maße zu spüren bekommen. Für Anleger ist die Inflation dahingehend ein wichtiger Aspekt, als dass sie in Kombination mit der Niedrigzinsphase früher sichere Anlagearten disqualifiziert. Waren früher Zinsen auf dem Sparbuch in Höhe von 5 % die Norm und stand nach Abzug der Inflation von 2 % ein dreiprozentiger Gewinn zu Buche, sind nun Zinsen von 0,03 % auf dem Sparbuch keine Seltenheit. Konsequenz: In Kombination mit der Inflation in Höhe von 2 % ergibt sich ein Verlust, der 1,97 % beträgt! Dementsprechend zieht es die Anleger von Sparbüchern und Tagesgeldkonten weg zum etwas riskanteren, doch dafür renditestärkeren Wertpapierhandel.

---

[5] https://www.boerse.de/boersenlexikon/EURO-STOXX

Konjunktur

Die Konjunktur besteht aus verschiedenen Zyklen. Bei den Konjunkturschwankungen handelt es sich um die wirtschaftlichen Schwankungen, die Aufwärts- und Abwärtstrends darstellen. In Phasen, in denen die Wirtschaft aufblüht, ist entweder von einer Expansion oder aber von einem Boom – dies wäre der absolute Höhepunkt – zu sprechen. Hier liegen die Aktienkurse insgesamt am höchsten. Das Gegenteil der Blütezeit ist die Rezession als Zeit des wirtschaftlichen Abschwungs sowie die Depression als absoluter Tiefpunkt. In diesen Phasen fallen die Aktienkurse für gewöhnlich in den Keller. Doch Achtung: Es gibt Unternehmen, deren Angebote konjunkturunabhängig gefragt sind. Deren Wertpapiere sind eine essenzielle Beimischung für jedes Portfolio, da sie in Zeiten von Rezessionen und Depressionen dem Portfolio Stabilität verleihen.

Volatilität

Ein Synonym für „Kursschwankungen". Aktienkurse verlaufen nie konstant und geradewegs. Sie unterliegen, wenn auch minimal, einem Anstieg sowie Abstieg. Je stärker der Kurs schwankt, desto volatiler ist er.

Rendite

Bezeichnet den Gewinn bei einem Investment. Wer beispielsweise in Wertpapiere 1.000 € anlegt und diese nach drei Monaten für 1.080 € wiederverkauft, hat einen Gewinn gemacht. In Relation zum Ankaufspreis ergibt sich ein Anstieg um 8 %. Somit beträgt auch die Rendite 8 %. Werden zwischendurch Zinsen oder Dividendenzahlungen eingenommen, fließen diese ebenfalls in die Berechnung der Rendite ein. Eine Rendite ist bei Gewinn positiv und bei Verlust negativ, wobei sie durch ein vorangestelltes Minus gekennzeichnet wird: -2 %.

Zusammenfassung

Aktien zu kaufen, bedeutet, Anteilseigner eines Unternehmens zu werden und an dessen Entwicklung zu partizipieren. Die Entwicklung von Unternehmen lässt sich jedoch nie mit 100-prozentiger Gewissheit prognostizieren. Oftmals ist sogar das Gegenteil der Fall, was Aktien in einigen Teilen der Bevölkerung immer noch eine Betrachtung mit großer Skepsis verschafft. Allerdings gibt es Wege, die Risiken beim Aktienhandel gering zu halten: Dies ist bei der Schaffung eines ausgewogenen Portfolios mit mehreren Aktien verschiedener Unternehmen der Fall. Hier wird das Risiko gestreut. Mit Aktienfonds und den ETFs existieren auf dem Finanzmarkt sogar spezielle Produkte, die von vornherein das Risiko streuen und bestimmten Konzepten folgen. So bleibt Anlegern ein eigenes Zusammenstellen sowie Management des Portfolios erspart. Aktien, Aktienfonds, ETFs und weitere Finanzprodukte können an der Börse erworben werden, die ein streng regulierter Markt ist, in dem Betrug und Manipulation teuer sind. Durch die Eröffnung eines Depots und Erteilung von Orders an den Broker werden Wertpapiere angekauft und verkauft.

Depot kostengünstig eröffnen und von günstigem Broker profitieren

Bei der Eröffnung eines Depots existieren drei Optionen: Zum einen ein Depot bei einer Filialbank, zum anderen bei einer Online-Bank oder einem Online-Broker. Während die Filialbanken einen umfangreichen Service rund ums Depot bieten, sind Anleger bei einer Online-Bank (auch Direktbank genannt) und dem Online-Broker in der Regel auf sich allein gestellt. Dafür sind Online-Bank sowie -Broker günstiger.

Erster Überblick

Bei Filialbanken handelt es sich um jene Banken, die Filialen – also eigene lokale Niederlassungen – betreiben. Sie zeichnen sich durch eigene Geldautomaten, Kundenschalter, jederzeit erreichbare Berater und Hilfestellung vor Ort aus. Direktbanken wiederum sind mit dem digitalen Zeitalter aufgekommen und bieten einen Service über das Internet an. Bei diesem Service geht es allerdings um Grundlagen zu der Eröffnung, Bedienung und Funktion des jeweiligen Kontos, was bedeutet, dass Beratungen zu Anlagestrategien, zur Vermögensverwaltung und zu weiteren finanziellen Aspekten ausbleiben. Durch Kooperationen mit Filialbanken ist es Kunden einiger Direktbanken möglich, an Automaten von Filialbanken kostenlos Bargeld abzuheben. Da keine

Filialen oder Automaten betrieben werden müssen und die Menge der zu bezahlenden Angestellten geringer ausfällt als bei Filialbanken, stellen Direktbanken Konten und Depots meist kostenlos oder mit geringen Kosten zur Verfügung. Der Online-Broker ist mit Direktbanken vergleichbar; mit dem Unterschied, dass er noch weniger kostet, dafür aber ausschließlich auf den Wertpapierhandel ausgerichtet ist und keinen Service für Bankgeschäfte offeriert.

Den Service der Filialbanken in allen Ehren, ist dieser nicht zwingend etwas Positives. Erfahrungen von Kunden und Berichte im Internet zeigen vermehrt, dass die Berater in Filialbanken darauf aus sind, die Produkte der Bank zu verkaufen. Die hiesigen Provisionen und die Optimierung der Kursverläufe der Bankprodukte durch deren Verkauf an Kunden sind Hindernisse für eine objektive Beratung. Wer als Kunde die Hoffnung hegt, objektiv beraten zu werden, wird dementsprechend oftmals enttäuscht. Somit verbleibt als Vorzug bei der Bank lediglich die direkte Anlaufstelle vor Ort: Man könnte meinen, aufgrund der Filialpräsenz seien schnellere Reaktionen auf Kursverläufe möglich. Doch der Schein trügt. Die Schließung eines Depots und der Kauf sowie Verkauf von Aktien nehmen bei Filialbanken Zeit in Anspruch und erfordern des Öfteren Unterschriften – also viel Bürokratie.

Direktbanken und Online-Broker hingegen halten die Kosten für Anleger gering, da sie auf beratenden Service und eine Vielzahl an Mitarbeitern verzichten. Kein Service hat keine Manipulation der Anleger zur Folge, sondern animiert die Anleger, sich selbstständig zu informieren. Wer sich nicht informiert, geht das Risiko ein, hohe Verluste einzufahren. Durch den jederzeit vorhandenen Online-Zugriff lassen sich Orders direkt in Auftrag geben und in kürzester Zeit umsetzen. Somit besteht die Möglichkeit, sogar bei rapide eintretenden Kursverlusten oder Kursgewinnen bedarfsgerecht schnell zu reagieren.

Direktbank oder Online-Broker?

Schlussendlich verbleibt die Frage, was für die Direktbank und was für einen Online-Broker spricht. Wie bereits erwähnt, hat der Online-Broker eine Spezialisierung auf Wertpapierhandel und einen deswegen geringeren Preis für seine Dienste. Das Depot beim Broker ist bei einem fairen Angebot kostenlos. Eine Order kann weitaus geringere Kosten als ein Prozent der Höhe des Transaktionsvolumens verursachen. Bei Direktbanken sind die Ordergebühren minimal höher, bei Filialbanken sind Mindestpreise – selbst bei kleinen Transaktionsvolumina – festgelegt. Abgesehen von diesen Mindestpreisen liegen die Ordergebühren potenziell bei über einem Prozent. In Bezug auf die Kosten punktet also der Online-Broker.

Aufgrund seiner Spezialisierung stellt der Online-Broker in der Regel ein größeres Informationsmaterial zum Depot des Anlegers und zum Aktienmarkt zur Verfügung:

- Realtime-Kurse aller Wertpapiere
- Analyse-Funktionen zur Vereinfachung der Kauf-, Halte- und Verkaufsentscheidungen
- OTC-Handel: Handel außerhalb der üblichen Handelszeiten an der Börse ist möglich
- Depotauszüge und weitere Dokumente sind jederzeit aufrufbar

Neben dem Online-Broker bieten einige Direktbanken ebenfalls derart weitreichende Vorzüge, wobei die Wahl der Direktbank über den Umfang sowie die Qualität der

Leistungen entscheidet. Was der große Vorteil von Direktbanken gegenüber Online-Brokern ist, ist die zusätzliche
Erledigung Ihrer Bankgeschäfte. Zum einen benötigen Sie
für die Transaktionen an der Börse ein Konto, auf das Geld
überwiesen und von dem Geld eingezogen werden kann. Zum
anderen sind Sie auch im Alltag auf ein Konto angewiesen.
Der Überblick über die gesamten Finanzen und ein perma-
nenter Zugriff auf alle Posten sind der Vorzug von Direktbanken gegenüber Online-Brokern.

Hinweis!

Auch im Hinblick auf die Kontoführungsgebühren und
sonstigen Möglichkeiten zu Ersparnissen liegen die
Direktbanken vor den Filialbanken. Testsieger wie die
ING DIBA Bank geben ohne Bonitätsprüfung eine Kredit-
karte heraus, mit der Bargeldverfügungen an sämtlichen
Geldautomaten Deutschlands kostenlos sind. Darüber
hinaus fallen für diese Kreditkarte ebenso wie für die
EC-Karte keinerlei Gebühren an, wenn wir nach wie
vor vom Angebot der ING DIBA Bank ausgehen. Andere
Direktbanken warten mit einem vergleichbar guten
Angebot auf. Prämien für Kontoeröffnung und weitere
Aktivitäten mit dem neuen Konto eröffnen Aussichten
auf Zusatzverdienste von bis zu 800 €! Beratung und
Immobilienfinanzierungen ebenso wie andere Kredit-
aufnahmen sind bei Direktbanken nicht im Angebot
enthalten. Über diese Aspekte hinweggesehen, stellen
Direktbanken eine optimale Wahl für die eigene Konto-
führung dar. Aufgrund der ausschließlich digitalen
Aktivitäten erweisen sich die Benutzeroberflächen der
Anwendungen fürs Online-Banking häufig als nutzer-
freundlicher als die der Filialbanken.

Ein abschließender Vergleich der drei Möglichkeiten zur Depoteröffnung mit Brokerage:

Anbieter	Filialbank	Direkt-bank	Online-Broker
Kosten	Hoch	Gering	Am geringsten
Erledigung der Bankgeschäfte	Inklusive	Inklusive	Nicht vorhanden
Beratung	Vorhanden	Nicht vorhanden	Nicht vorhanden
Schnelle Reaktion auf Kursverläufe	Nein	Ja	Ja
OTC-Handel	Nein	Ja	Ja
Übersicht über Kursverläufe	Ja	Ja	Ja
Aktualität der Kursverläufe	Dürftig	Hoch	Hoch

Empfehlungen für Direktbanken und Online-Broker

Um Ihnen bei der Entscheidung für eine Direktbank oder einen Online-Broker entgegenzukommen, stellen wir Ihnen je drei gute Anbieter aus beiden Kategorien vor. Sollten Sie eine Filialbank vorziehen wollen, dann versuchen Sie es zunächst bei der, wo Sie Ihr Konto haben. Sollte sich das Angebot als fair für Sie herausstellen, dann sind Sie dort richtig aufgehoben. Ansonsten holen Sie Angebote weiterer Filialbanken ein. Doch genug von den Filialbanken. Welche Direktbanken und Online-Broker wissen zu überzeugen?

Finanzen.net

Finanzen.net ist der Online-Broker mit dem besten Preis-/ Leistungsverhältnis. Die Orders für den Kauf unterliegen einem Festpreis von 5 €. Dieser ist unabhängig vom Transaktionsvolumen. Dies bezieht sich allerdings auf Aktien. Bei ausgewählten Fonds- und ETF-Sparplänen gibt es günstigere Konditionen, wobei für einen Kauf lediglich 1 € an Ausführungsgebühren anfällt. Zudem gibt es regelmäßig Sonderaktionen; einige sogar von Dauer, wie es beispielsweise bei den Derivaten der Fall ist, die pro Trade eine Gebühr von 2,50 € vorsehen. Die Depotführung an sich ist kostenlos.

Was neben der Kostenfrage bei Finanzen.net vorteilhaft ist, ist der Handel, der an allen deutschen Börsen und an allen Börsen in den USA erfolgen kann. Der außerbörsliche Handel ist ebenfalls im Angebot enthalten. Darüber hinaus hat sich Finanzen.net einen Namen als CFD-Broker gemacht: Im Gegensatz zu vielen anderen Anbietern ist hier also der Handel von Differenzkontrakten möglich. Zudem ist Trading über das Mobiltelefon möglich, was von unterwegs ein Management des eigenen Portfolios ermöglicht. Eine gebührenfreie Dividendenauszahlung hinterlässt einen starken Gesamteindruck.

xtb Online Trading

xtb punktet zunächst mit einer guten Web-Oberfläche. Dies kommt Anlegern entgegen, die sich vor der Entscheidung für ein Depot selbst einen ausführlichen Überblick über den Anbieter verschaffen möchten. Schnell fällt auf, dass der Anbieter neben Aktienanlagen auch die Investition in Rohstoffe, Devisen, ETFs, Indizes und Kryptowährungen ermöglicht.

Die Orderprovisionen liegen bei 0,1 % des Ordervolumens und sind unbegrenzt. Das Minimum liegt bei 3,99 € und ist für Kleinanleger besonders human angesetzt. Während die

Depotführung kostenfrei ist, ist die Erhebung von Gebühren auf Dividendenauszahlungen ein kleiner Wermutstropfen. Auch die Einschränkung, dass an einigen der deutschen Börsen nicht gehandelt werden darf, trübt das Gesamtbild. Ansonsten überzeugt xtb vollkommen:

- Außerbörslicher Handel
- Handeln von CFDs
- Unterstützung des Tradings über Smartphone
- 24h-Kundenservice von Montag bis Freitag
- Expertenbetreuung zur Analyse der Investitionen

Dies sieht doch bereits nach einem Service aus, welcher den Filialbanken nahekommt! Zumindest, wenn man den Worten Glauben schenken darf ... In der Praxis sind die Expertenbetreuung und die ebenfalls angebotenen Aus- und Weiterbildungen für Anleger zwar dankbar anzunehmen, allerdings ersetzen sie keineswegs eine ambitionierte Eigenausbildung mit regelmäßig gelesenen Nachrichten.

DKB

Die DBK Bank ist im Gegensatz zu den anderen beiden vorgestellten Anbietern kein Online-Broker, sondern eine Direktbank. Somit genießen Anleger den Vorteil, die Erledigung der Bankgeschäfte UND den Wertpapierhandel bei einem Anbieter abwickeln zu können. Was ist bei der DKB Bank nun an der allgemeinen Regel dran, Direktbanken seien teurer als Online-Broker?

Es bestätigt sich, wenngleich die DKB nur geringfügig höher liegt und allem voran in Relation zu Filialbanken ein weitaus preiswerteres Angebot setzt. Bis 10.000 € Ordervolumen liegen die Kosten bei 10 €, also gerade mal 0,1 %. Ab über 10.000 € Ordervolumen steigen die Provisionsgebühren auf 25 € an. Dies ist zugleich die Obergrenze. Somit existieren zwei Festpreise, die eine gute Übersicht über die

Kostenstruktur gewährleisten. Im Gegensatz zu Filialbanken und ebenso wie beim Online-Broker entfallen Depotgebühren.

Unter den sonstigen Konditionen ist zu berücksichtigen, dass der Handel von CFDs nicht im Angebot enthalten ist. Dies ist für Anfänger besser, da dadurch erst gar keine Verlockung entsteht, in das hochspekulative Geschäft mit den CFDs einzusteigen. In Sachen Handel sind ansonsten absolute Freiräume geschaffen: Vom außerbörslichen Handel über mobiles Trading bis hin zum Handel an sämtlichen deutschen Börsen! Die Auszahlungen von Dividenden erfolgen gebührenfrei, zudem sind ETF-, Fonds- und Zertifikat-Sparpläne zu günstigeren Konditionen enthalten.

DeGiro

Mit DeGiro widmen wir uns im Vergleich erneut einem reinen Online-Broker zu. Hier entfällt die Perspektive des Portfoliomanagements und der gleichzeitigen Erledigung der Bankgeschäfte. Dafür kommen Anlegern die günstigen Kosten entgegen, die der Kernvorteil dieses Online-Brokers sind. Auch im Vergleich zu xtb bietet DeGiro bei hohen Investitionssummen immense Kostenersparnisse. Im Vergleich zu finanzen.net locken die Kostenersparnisse bei geringen Ordervolumina. Die Orderprovision bei DeGiro beträgt mindestens 2 € zuzüglich 0,026 % des Ordervolumens. Hierbei markieren 30 € die Obergrenze. Neben der ausgesprochen fairen Kostenstruktur bis hierhin sind auch die Dividendenauszahlungen kostenfrei.

Wo DeGiro im Vergleich mit den anderen Online-Brokern verliert, sind die Handelsmöglichkeiten: Außerbörslicher Handel und der Handel an einigen deutschen Börsen entfallen. Der Großteil der deutschen Börsen, CFD-Handel und Handel an US-Börsen wiederum sind in dem Leistungskatalog mit inbegriffen.

ING DIBA

Die Direktbank ING DIBA ist eine Ausnahme unter den vorgestellten Depots und Brokerages. Grund dafür ist, dass die Bank vergleichsweise hohe Gebühren für Orders und verlangt und hohe Maximalpreise angesetzt hat. Die Maximalgebühr in Höhe von 69,90 € ist bei Investitionssummen ab dem fünfstelligen Bereich allerdings günstiger als die unbegrenzte Orderprovision bei xtb. Bevor die Maximalgebühr zum Tragen kommt, fallen bei der ING DIBA Bank Orderprovisionen von mindestens 4,90 € zuzüglich 0,25 % des Ordervolumens an. Insbesondere für Kleinanleger ein nicht unerheblicher Kostenpunkt. Doch die ING DIBA wäre nicht die ING DIBA, wenn sie nicht schmackhafte Einsteigerangebote anbieten würde, wie beispielsweise Gutscheine für die Eröffnung eines Depots und die Ermäßigung der Ordergebühren für die ersten sechs Monate nach Depot-Eröffnung. Der obige Screenshot veranschaulicht das Angebot der ING DIBA, welches die Enttäuschung über die vergleichsweise hohen Depotkosten mildert.

Der Punkt, an dem die ING DIBA gewinnt, ist das Bankangebot: Anleger können ein kostenloses Girokonto eröffnen, für das Sie kostenlose Kredit- und EC-Karten erhalten. Mit der Kreditkarte sind kostenlose Bargeldabhebungen an nahezu allen Automaten Deutschlands möglich. In Zeiten, in denen die Kontoführungsgebühren und zusätzliche Leistungen wie Kontoauszüge an Automaten bei Filialbanken viel Geld kosten, ist das Angebot der ING DIBA Bank willkommen.

Ein für eine Direktbank umfangreiches und flexibles Angebot zum Aktienhandel macht die ING DIBA durchaus konkurrenzfähig mit den Online-Brokern:

- Handel an allen deutschen Börsen möglich
- Handel an US-Börsen
- Außerhalb der Börse möglicher An- und Verkauf
- Mobiles Management des Wertpapierportfolios

53

Zudem werden Dividenden ohne Zusatzgebühren ausgezahlt. Alles in allem ist die ING DIBA Bank insbesondere für die Anleger interessant, die parallel auf der Suche nach einem Girokonto mit bestechend guten Konditionen sind. Bei Vorhandensein eines Kontos bei einer anderen Bank wiederum macht die Entscheidung für einen der Online-Broker wesentlich mehr Sinn.

Hinweis!

Der Anbieter etoro[6] ist eine vielfach beworbene Trading-Plattform, die durch den komplett gebührenfreien Handel in die Wahrnehmung der Öffentlichkeit gerückt ist: 0,00 % auf jedwede beliebige Order, keine Kosten für die Depotführung. Der außerbörsliche Handel ist ebenso nicht möglich wie der Handel an allen deutschen Börsen. Dafür ist ein Großteil der deutschen Börsen abgedeckt, auch CFD-Handel, Kryptowährungen und einige der US-Börsen sind enthalten. Besonders interessant ist die Vernetzung mit anderen Tradern, bei der sich deren Erfolg einsehen lässt und sich deren Portfolios exakt kopieren lassen. Deswegen vermarktet sich etoro als Social-Trading-Plattform. Durch die Erhebung von Gebühren auf Dividendenauszahlungen und das reduzierte Angebot an Handelsmöglichkeiten ist etoro allerdings keine Plattform für Profis. Auch Einsteiger laufen Gefahr, sich bei der Kopie fremder Strategien bzw. Portfolios zu verzocken.

---

[6] https://www.etoro.com/

Bei eigener Suche nach einem Depot: Aufmerksamkeit beim Angebot!

Bei der eigenen Suche nach einem Depot werden Sie auf eine Reihe weiterer Anbieter stoßen. Darunter werden sich Filialbanken oder spezielle Depots und Brokerages von Filialbanken befinden, die hohe Gebühren verlangen. Neben diesen werden Sie ebenso auf Online-Broker stoßen, die günstiger sind. Exakt an dieser Stelle müssen Sie aufmerksam die Angebote lesen! Denn auffällig günstige Online-Broker haben manchmal den ein oder anderen Haken. Als Beispiel dient ein Angebot zum Turbo24-Trading unter ig.com:

Wenn Sie aufmerksam lesen, dann wird Ihnen auffallen, dass es sich bei diesem Online-Broker hauptsächlich um einen Anbieter für Handel mit Zertifikaten und anderen Derivaten handelt. Dies schließt den sichereren Aktien-handel mit eigenem nachhaltigen Portfolioaufbau **nicht** mit ein. Die Informationen sind zwar oben im Header der Website ausgeschrieben, doch bei einem attraktiven Angebot für gerade mal 0,05 % des Ordervolumens an Gebühren mag der ein oder andere Einsteiger das aufmerksame Studium der Website überspringen. Es wird hiermit nur der Vollstän-digkeit wegen genannt: Studieren Sie bei jedem Depot-An-gebot und jeder Brokerage aufmerksam die Website (ja, auch das Kleingedruckte ...) und holen Sie Informationen zu den Bewertungen durch andere User im Internet ein. Dadurch vermeiden Sie eine Depoteröffnung bei einem Anbieter, der Ihre Ansprüche nicht abdeckt. Wenn Sie Ihr Depot direkt bei dem für Sie persönlich adäquaten Anbieter eröffnen, können Sie sofort loslegen. Dies spart Zeit. Denn Sie wissen: Zeit ist Geld.

Zusammenfassung

Ein Vergleich der Optionen zur Depoteröffnung und Brokerage hat gezeigt, dass die Online-Broker geringe Kosten mit einer umfangreichen oder zumindest zufriedenstellenden Leistung kombinieren. Die Direktbanken und Filialbanken zeigen sich im Vergleich teurer, weisen jedoch Zusatzservices auf: Bei den Direktbanken ist es die Erledigung der Geldgeschäfte und bei Filialbanken sind es die Erledigung der Geldgeschäfte sowie die Beratung durch das Fachpersonal vor Ort. Doch so fachlich dieses Personal bei Filialbanken auch sein mag, zeigt sich, dass bei den meisten Banken alles auf den Verkauf hauseigener Produkte ausgerichtet ist, die auf dem gesamten Finanzmarkt bei weitem nicht die mit der besten Performance sind. Von daher ist die Depoteröffnung bei einer Direktbank oder einem Online-Broker angeraten. Das dortige Preis-/Leistungsverhältnis sowie die einfachen Abläufe über das Internet überzeugen alles in allem am meisten. Die große Auswahl bietet Anlegern die Möglichkeit, eine Direktbank oder einen Online-Broker zu finden, der vom CFD-Handel über die Menge und Art der verfügbaren Börsen bis hin zu der Höhe der Gebühren den eigenen Bedürfnissen entspricht.

Anlagestrategien

Wer sein Kapital in Wertpapiere anlegt, tut dies idealerweise mit Strategie. Dies bedeutet, dass die Zusammenstellung eines eigenen Portfolios, die Auswahl von Fonds oder der Kauf einzelner Aktien einen bestimmten Ansatz oder gar mehrere Ansätze verfolgt. Nun ist es zweifelsohne möglich, ohne eine bestimmte Strategie tätig zu werden: Sie investieren einfach in ein Unternehmen, welches gerade in den Medien sowie Prognosen hoch gehandelt wird. Doch das Problem ist, dass sich nicht hinter allen Kursverläufen wirklich das Potenzial eines Unternehmens verbirgt. Vereinzelt werden Aktien durch die bloße Aktivität der Anleger überbewertet, was sogar so weit führen kann, dass eine Blase entsteht, die platzt. Der Markt hat eben seine eigene Psychologie ... Eine Anlagestrategie wirkt dem entgegen, dass Sie sich von der Stimmung des Marktes mitziehen lassen. Sie setzen sich aufgrund der Strategie bestimmte Kennzahlen und Merkmale, anhand derer Sie die Wertpapiere evaluieren. Zudem sind die nachfolgend vorgestellten Anlagestrategien so konzipiert, dass das Risiko der Investments auf das geringstmögliche Maß reduziert wird.

Der Wachstumsansatz

Bei dem Wachstumsansatz (auch Growth-Ansatz genannt) zeigt sich der spekulative Charakter der Börse, da auf ein Wachstum des jeweiligen Unternehmens oder einer kompletten Branche spekuliert wird. Hierzu ist es erforderlich, die Nachrichten aufmerksam zu lesen und sich ein branchenübergreifendes Wissen bis in die Tiefe zu sichern. Dadurch erhalten Sie in jeder Branche einen Einblick in die Grundlagen, Trends, Prognosen, Abläufe und vieles mehr. So wird es Ihnen ermöglicht, selbst gewisse Unternehmens- und Branchenentwicklungen zu deuten.

Beispiel

Das Thema Datensicherheit gewinnt zunehmend an Bedeutung. Denn mit fortschreitender Digitalisierung werden immer mehr Menschen Nutzer des Internets und der dort angebotenen Dienstleistungen. Gleichzeitig wird Personen bewusst, dass bei zahlreichen Cloud-Diensten die persönlichen Dateien auf fremden Servern lagern. Was dort mit den Dateien geschieht, ist den vielen Bekundungen der Anbieter zum Trotz ungewiss. Aus diesem Grund steigt allem voran bei interessierten Unternehmen die Nachfrage nach Dienstleistern, bei denen die Dateien auf privaten Servern lagern.

Nun ließe sich in Unternehmen aus der IT-Sicherheits-branche investieren, die bei Cloud-Anwendungen ein gutes Angebot verzeichnen. Sie haben sich informiert und sich für eine Branche mit guten Wachstumsperspektiven entschieden. Doch dies ist nicht der Weisheit letzter Schluss. Wenn Sie sich in die Tiefe informieren, dann umfasst dies ebenfalls die technischen Grundlagen von Cloud-Systemen. Haben Sie sich auf den neuesten Stand gebracht, wird Ihnen klar, dass viele Unternehmen keine bedarfsgerechten Produkte anbieten. Beispiels-weise lassen sich die Produkte schlecht an unterschied-liche Unternehmen anpassen.

Sie würden im Rahmen weiterer Recherchen auf das Unternehmen *Palo Alto Networks* aus den USA stoßen, welches mit dem neuen Vorstandschef Nikesh Arora (Stand: Januar 2020) die Produktpalette attraktiv umgestaltet und für Unternehmen jederzeit

> veränderbare Paketlösungen geschaffen hat. Zudem hat das Unternehmen im Vergleich zur Konkurrenz mehr verfügbare finanzielle Mittel zur Weiterentwicklung und zuletzt das auf Cloud-Sicherheit spezialisierte und hoch gehandelte Start-up *Aporeto* gekauft.

Dass gewisse Branchen wachsen werden, ist meistens nur eine Frage der Zeit. Deswegen sind Aktienfonds, die stets in gefragte Branchen investieren, meistens tatsächlich erfolgreich. Je nach Management des Fonds, sind Renditen von 10 % oder mehr pro Jahr förmlich eine Gewissheit. Es müsste zu Massenpaniken, geplatzten Blasen, Kriegen oder ähnlichen Katastrophen kommen, damit gefragte Branchen nicht das zu erwartende Wachstum hinlegen.

Folglich ist die Kunst beim Growth-Ansatz nicht, die richtige Branche auszusuchen, sondern daraus die Unternehmen herauszufiltern, die besonders gut aufgestellt sind und bei denen ein Eintritt des angestrebten Wachstums am wahrscheinlichsten ist. Dies erfordert genaue Informationen über die jeweiligen Unternehmen. Denn da beim Growth-Ansatz neben etablierten Unternehmen, die sich seit Jahrzehnten an der Börse bewähren und konstant wachsen, auch in die Start-ups investiert wird, ist eine Kenntnis der weniger populären Unternehmen bis in die tiefsten Details notwendig:

- Wie ist das Unternehmen aufgestellt? Gibt es renommierte Investoren oder Angestellte, die eine besonders überzeugende Vita vorzuweisen haben?
- Welche Ansätze verfolgt das Management? Ist es innovativ und konkurrenzfähig?
- Wie ist die Vermögens- und Ertragslage des Unternehmens und wie hat sich diese in der kurzen Existenz des Unternehmens entwickelt?

- Hat das Unternehmen bestimmte Absicherungen, um in Phasen schwächelnder Konjunktur das Wachstum fortzusetzen und Dividenden auszuschütten?

Dies sind einige der Anregungen. Vergewissern Sie sich einer wichtigen Tatsache insbesondere bei dem Growth-Ansatz: Sie investieren in das Unternehmen und erhalten dadurch Anteile an diesem. Somit gehört Ihnen das Unternehmen teilweise. Wie Sie bei einem eigenen Unternehmen ständig nach dem Rechten sehen würden, um insbesondere in der Anfangsphase eine Entwicklung nach den eigenen Vorstellungen sicherzustellen, sollten Sie sich bei der Kapitalanlage in einzelne Unternehmen über deren Situation, Besetzung und Perspektiven informieren.

Schlussendlich ist der Wachstumsansatz spekulativer Natur. Investieren Sie in Unternehmen aus wachsenden Branchen, wo die Prognosen lukrativ ausfallen, und segmentieren Sie unter den Unternehmen, sodass Sie die am besten besetzten heraussuchen, so profitieren Sie von hohen Gewinnaussichten. Da das damit einhergehende Risiko größer ist, sollten insbesondere Aktien von Startups einen geringen Anteil am eigenen Wertpapierportfolio ausmachen. Der Großteil eines Wertpapierportfolios umfasst idealerweise krisenfeste Wertpapiere. Solche hingegen, die sich als riskant erweisen und auf hohe Gewinne spekulieren, sind nur eine Beimischung und nicht der Kern des Portfolios. Der Kern eines Portfolios führt uns zu der nächsten Anlagestrategie.

Der Wertansatz

Der Wertansatz (auch Value-Ansatz genannt) verfolgt den Ansatz des Investments in werthaltige Aktien. Ziel ist es, ausschließlich in gestandene und gut bewertete Unternehmen zu investieren. Wichtig ist, zum richtigen Zeitpunkt zu kaufen, wobei sich bereits die Kernherausforderung der „Value-Aktien" hervortut: Sie sind wertstabil und sichern eine konstante Rendite bei geringem Risiko zu, sodass sie bei einer Vielzahl an Anlegern beliebt sind. Dies führt häufig zu einer Überbewertung der Unternehmen. So kann es dazu kommen, dass der Börsenwert eines Unternehmens 50-mal so hoch bewertet wird, wie die jährlichen Gewinne, die das Unternehmen einfährt. Steigt diese Zahl an und es kommt vermehrt zu Überbewertungen, droht gar das Platzen einer Blase mit Massenausverkäufen und rapiden Kursverlusten. Aus diesem Grund ist es auch beim Wertansatz unumgänglich, selbst Analysen der Wertpapiere, der Unternehmen und der gesamten Branche durchzuführen, was Sie im nächsten Kapitel lernen werden. Zentrales Instrument ist hierbei die Berechnung des Unternehmenswerts. Es handelt sich um eine einfache Rechnung, die dafür bei dem wichtigen Schritt hilft, das Unternehmen zu evaluieren: Ist das Unternehmen unterbewertet, aber bereits jahrzehnte- oder gar jahrhundertelang etabliert und zeigt ein solides Wachstum, dann ist „Kauf" die richtige Order. Sollte das Unternehmen zu hoch bewertet sein, lohnt ein Kauf nicht. In diesem Fall warten Sie auf einen Kursverlust und kaufen, sobald die Kurse im Keller sind. Denn ein gestandenes Unternehmen wird sich immer rehabilitieren und wieder hohe Kurse verzeichnen, wie bereits die Vergangenheit anhand von Großkonzernen wie *Facebook*, *Adidas* und *VW* gezeigt hat.

„Value-Unternehmen" weisen ein konstantes Wachstum auf, eine geringe Menge an Schulden und sind darüber hinaus lange auf dem Markt, womit sie eine gewisse Krisenfestigkeit unter Beweis gestellt haben. Einige der Unternehmen zeichnen sich sogar durch staatlich zugesicherte Aufträge aus, was sogar in Phasen der Rezession oder der Depression in der Wirtschaft Anlegern gewisse Sicherheiten für die Kapitalanlage in Aussicht stellt. Was Sie tun müssen, um diese Unternehmen zu finden? Erneut gilt: Sich selbst weiterbilden steht an oberster Stelle!

Beispiel

In Zeiten der Niedrigzinsphase wird das Bauen lukrativer, weswegen allem voran Infrastrukturaktien einen Aufwärtstrend erleben. Dieser wird womöglich noch einige Zeit anhalten. In dieser Bau-Branche existieren Unternehmen, die als Big Player gelten und sich auf dem Markt behauptet haben. Robuste Bilanzen und ein jahrzehntelanges Bestehen zeugen von „Value".

Sie sind informiert und investieren in Zeiten des Niedrigzinses in ein börsennotiertes Infrastrukturunternehmen, welches am Markt lange etabliert ist. Doch es kommt zu einer Schwächephase der Konjunktur und in der Folge zu einem Kursverlust des Unternehmens. Diese Schwächephase dauert mehrere Monate an und es ist kein Ende in Sicht. Sie verkaufen schnellstmöglich und fahren einen Verlust ein. „Value" ist eben nicht das einzige ... Hätten Sie sich detaillierter informiert und zu einem Experten in der Infrastrukturbranche ausgebildet, hätten Sie unter den Infrastrukturunternehmen feiner segmentiert. Sie hätten sich die Frage gestellt: „Welche Unternehmen aus dieser Branche werden auch bei schwächelnder Konjunktur in der Baubranche stabil dastehen?" Als Antwort auf die Frage wären Sie womöglich beim französischen Unternehmen *Vinci* gelandet, welches staatlich garantierte und für mehrere Jahre im Voraus festgelegte Mauteinnahmen vorzuweisen hat. Dies sind Voraussetzungen, um selbst in Schwächephasen eine überzeugende Performance hinzulegen.

„Value" ist letzten Endes nicht das, was nur an den Unternehmen, deren Geschichte und der jetzigen Situation sowie der Beliebtheit der Wertpapiere bei Anlegern bemessen wird. „Value" richtet sich nach der Branche und erneut nach den spezifischen Merkmalen eines jeden Unternehmens. Es gilt, dass „Value-Aktien" bei einer gut überlegten Wahl und einer Streuung des Risikos auf mehrere Wertpapiere eine höhere Sicherheit als Wertpapieren des Growth-Ansatzes zugesprochen werden kann. Deswegen sollten „Value-Aktien" bei einem eigenen Portfolio stets den Kern bilden. Dies ist meistens schon dadurch geregelt, dass Sie in ETFs investieren, die bekanntlich die stärksten Aktien enthalten. Ergänzen Sie zu den ETFs noch eigens ausgewählte Value-Aktien, können Sie viel besser Schwerpunkte setzen und Aktien, die in Ihrer Gunst besonders hoch stehen, priorisieren.

Rebalancing

Beim Rebalancing (Ausbalancieren) wird eine regelmäßige Korrektur der Vermögensverteilung im Aktienportfolio auf den Ausgangszustand vorgenommen. Dadurch werden die Risiken automatisch gemindert und Aktien zum richtigen Zeitpunkt gekauft und verkauft. Damit das Rebalancing zielführend wirkt, muss der Aufbau des Aktienportfolios nach einem bestimmten Schema erfolgen.

Das Schema setzt auf eine Verteilung der Kapitalanlage auf verschiedene Branchen oder verschiedene Anlageklassen. Bei einer Verteilung der Kapitalanlage auf verschiedene Branchen könnte sich folgendes Bild ergeben: 40 % des Vermögens wandern in die IT-Branche, 20 % in das Gesundheitswesen, weitere 20 % werden in die Unterhaltungsindustrie investiert und die verbliebenen 20 % verteilen sich zu je 10 % auf die Branche der Luxusgüter sowie den Maschinenbau. Dies ist lediglich ein rudimentäres Beispiel, denn normalerweise werden Branchen ausgewählt, die gegensätzlich sind und sich noch stärker beeinflussen. Sollte die eine Branche einen Anstieg verzeichnen, aber die Wertpapiere einer anderen Branche würden sinken, so würden sich Unterschiede in der Vermögensverteilung ergeben.

Beispiel

Sie haben 20.000 € in den Ölmarkt investiert und weitere 30.000 € in erneuerbare Energien. Sie haben sich für einen größeren Anteil bei den erneuerbaren Energien entschieden, da diese auf lange Sicht das Öl als Energieträger ablösen sollen. Zudem sind die Aktien der Energielieferanten von erneuerbaren Energien günstiger und befinden sich auf einem Wachstumsmarkt. Aktien von Ölunternehmen mögen zwar teurer sein, aber es handelt sich um einen „Value-Markt", da Öl sich bereits seit Jahrzehnten behauptet hat und noch in ausreichend Bereichen eine Rolle spielt. Es verschafft der Kapitalanlage eine gewisse Sicherheit. Nun legen die erneuerbaren Energien einen rapiden Kursanstieg hin. Haben Sie zuvor insgesamt 50.000 € investiert und 60 % davon in den Sektor für erneuerbare Energien gesteckt, so haben Sie nach den Kursanstiegen ein Gesamtvermögen von 60.000 €. Der Wert der Aktien für erneuerbare Energien beläuft sich auf insgesamt 45.000 €. Währenddessen ist der Wert der Ölaktien um 5.000 € gesunken und beträgt nun 15.000 €. Es ergeben sich Unterschiede in der Vermögensverteilung: Machten früher noch 30.000 € von 50.000 € auf Seiten der erneuerbaren Energien 60 % des gesamten Vermögens im Portfolio aus, sind es nun 45.000 € von 60.000 €, was 75 % entspricht. Das Öl macht nicht mehr 40 % aus, sondern mit 15.000 € aus 60.000 € lediglich 25 %. Dies sind die angesprochenen Unterschiede in der Vermögensverteilung.

Mit diesem Beispiel ist der wichtigste Punkt in der Rebalancing-Strategie illustriert: Es kommt durch die Kursentwicklungen in zwei Branchen, die sich gegenseitig beeinflussen, zu einer im Vergleich zur anfänglichen Vermögensverteilung entstehenden Dysbalance. Anleger haben im Voraus einen Zeitpunkt oder eine Vermögensverteilung zu definieren, bei der Sie die vorherige Balance wiederherstellen. Nach einem Jahr oder bei einer Überschreitung von 75 % Vermögensanteil der erneuerbaren Energien bzw. 50 % Vermögensanteil der Ölaktien werden die überschüssigen Anteile verkauft. Dies sei rechnerisch anhand des vorherigen Beispiels erklärt:

- Sobald die Grenze von 75 % Vermögensanteil der erneuerbaren Energien erreicht ist, fangen Sie mit dem Verkauf der überschüssigen Anteile an, um auf 60 % Vermögensanteil zu kommen. Parallel kaufen Sie Ölaktien nach, die die Gegenbalance von 40 % bilden.
- 60 % von den 60.000 € sind 36.000 €. Dies bedeutet, dass Sie Aktien aus den erneuerbaren Energien im Wert von 24.000 € abstoßen. Den Ertrag von 24.000 € bringen Sie für den Kauf von Ölaktien auf, um von den 25 % Vermögensanteil auf 40 % beim Öl zu kommen.
- Sie erhalten nach dem Kursverlust der Ölaktien für 24.000 € eine weitaus größere Menge an Aktien als zuvor. Es greift der Durchschnittskosteneffekt!
- Diese Vorgehensweise wiederholt sich regelmäßig auf beiden Seiten, sodass Ihr Vermögen konstant steigt und Sie regelmäßig Aktien zu den günstigsten Zeitpunkten an- und verkaufen.

Wenn das mal nicht ein Schema ist!!! Sie profitieren von fest definierten Zeitpunkten, zu denen Sie auf Kursverläufe reagieren. Zudem sorgen Sie durch eine Streuung auf zwei oder mehrere Branchen dafür, dass die Verluste der einen

Aktie oder des einen Fonds durch die Gewinne der anderen Aktie oder des anderen Fonds abgefangen werden. Parallel ergibt sich der Vorteil, dass Aktien an Hochpunkten für maximalen Erlös verkauft werden und an Tiefpunkten eingekauft werden, ehe es von der Wertentwicklung her wieder nach oben geht.

Ebenso wie die anderen Anlagestrategien hat allerdings das Rebalancing nicht nur Vorteile: Denn es muss angemerkt werden, dass bei besonders stark steigenden Aktien Hürden aufgebaut werden. Mal angenommen, die Wertpapiere von den erneuerbaren Energien im letzten Beispiel wären auch nach dem Verkauf zur Ausbalancierung weiter gestiegen: Hier hätte sich ein Nachteil ergeben, denn es wären Aktien zu frühzeitig verkauft worden, die noch weiter angestiegen wären, während der Ölmarkt konsequent im Fallen gewesen wäre. Sie hätten also im Endeffekt zunehmend Gold gegen Stroh getauscht, bis schlimmstenfalls nur noch Stroh im Portfolio wäre. Aus diesem Grund wird die Strategie des Rebalancings nie bei Branchen verwendet, denen sich ein langfristiges Wachstum zuverlässig prognostizieren lässt. Stattdessen ist das Rebalancing optimal in Fällen, in denen die Kurse stark schwanken. Sollte also der Kurs auf der einen Seite stark fallen und auf der anderen Seite ansteigen, wird bei Erreichen einer vorab definierten Grenze verkauft, um die vorige Balance wiederherzustellen. So sind Anleger für den zu erwartenden Fall der zuvor stark performenden Aktie abgesichert und kaufen Wertpapiere der Branche oder des Unternehmens auf, die von dem Fall wahrscheinlich profitieren werden und deren Kurswert steigt.

> **Hinweis!**
>
> Bei dem Rebalancing handelt es sich um eine äußerst aktive Strategie der Kapitalanlage in Aktien. Sie erfordert eine hohe eigene Aufmerksamkeit gegenüber dem eigenen Portfolio. Je nach Marktverlauf, Menge der verschiedenen Branchen, die auszubalancieren sind, und den persönlich definierten Grenzen, bei denen ein Rebalancing durchgeführt wird, ergeben sich geringe Gewinnspannen, sofern nicht viel Eigenkapital eingesetzt wird. Dementsprechend empfiehlt sich das Rebalancing den Personen, die eine hohe Menge an Vermögen investieren möchten.

Neben verschiedenen Branchen ist – sofern Sie über den Aktienhandel hinausgehen und in andere Anlagen investieren möchten – eine Kapitalanlage in verschiedene Anlageklassen denkbar. Beispielsweise ist ein Portfolio aus Aktien, Immobilienfonds und Rohstoffen denkbar. Denn die Erfahrung hat gezeigt, dass Gold insbesondere in den Zeiten eine Hochphase erlebte, als die Börse crashte. Nichtsdestotrotz gilt: Die Strategie ist denkbar, sofern die Aufmerksamkeit des Anlegers nicht nur Aktien gilt.

Indexing

Das Indexing preist Gerd Kommer in seinem Werk *Souverän investieren mit Indexfonds und ETFs* (2011) als Erfolgsstrategie des Passiven Investierens an. Jenes Passive Investieren definiert er dabei wie folgt:

„„Passiv investieren" ist Investieren auf der Basis einer betont langfristig ausgerichteten, strengen Buy-and-Hold-Philosophie und mithilfe eines systematisch und breit diversifizierten Portfolios, das nach Möglichkeit ausschließlich aus kostengünstigen Indexanlagen (Indexfonds, ETFs) besteht. Das Ziel, den Markt

schlagen zu wollen, wird bei dieser Strategie nicht verfolgt. Dennoch ist es wahrscheinlich, dass man mit dieser Strategie langfristig über 90 Prozent aller Privatanleger hinter sich lässt.“

Somit wird auf aktive Anlagestrategien, wie das Daytrading oder anderweitige Modelle verzichtet, die ein hohes Eigenengagement und regelmäßige Kontrolle der Kursverläufe erfordern. Auch Aktienfonds sind kein Objekt der Begierde. Denn Aktienfonds weisen den Nachteil auf, dass sie gemanagt werden müssen und höhere Kosten mit sich bringen. Ziel sind die kostengünstigen ETFs, die bestehende Indizes abbilden. Zumal sich zeigt: Die wenigsten Aktienfonds schlagen den Markt. Viel eher legt der Markt eine erfolgreichere Entwicklung als die Aktienfonds hin.

In Gerd Kommers Philosophie wird beim Indexing keine zwischenzeitliche Auszahlung vorgenommen, sondern die Anteile werden stets gehalten. Ziel ist es, langfristig anzulegen und beispielsweise beim Austritt aus dem Berufsleben und somit vor der Rente eine komplette oder teilweise Auszahlung vorzunehmen. Darüber hinaus soll das zusammengestellte Portfolio aus ETFs breit diversifiziert sein, was eine global ausgelegte Auswahl der ETFs vorsieht und somit sogar die Schwellenländer einschließt.

So viel zur Theorie. Doch wie sieht die Praxis aus?

Investments in Schwellenländer

Im Gegensatz zu den weitläufig existierenden Empfehlungen von Analageberatern, auf Investments in Schwellenländer aufgrund des hohen Risikos zu verzichten, spricht Gerd Kommer in seinem benannten Werk die Empfehlung aus, in Schwellenländer Investitionen zu tätigen. Zwar sei hier das Risiko nominell größer, doch dafür bestünde Potenzial auf höhere Renditen. Damit das Risiko möglichst gering ausfällt, wird eine Geldanlage in einen ETF oder einen Emerging-Market-Fund – beides mit möglichst geringen Gebühren – vorgeschlagen. Ein solcher Emerging-Market-Fund, der sich empfehlen lässt, ist der *MSCI Emerging Markets*, der die Wirtschaft von 21 Schwellenländern umfasst. In einem Vergleich der Rendite des *MSCI Emerging Markets* mit der des *MSCI World* und des DAX in den vergangenen Jahren (Stand: Januar 2020) zeigt sich folgendes Bild:

- MSCI Emerging Markets: 11,5 % Rendite p. a.
- MSCI World: 5,0 % Rendite p. a.
- DAX: 6,7 % Rendite p. a.

Es lässt sich das Fazit ziehen, dass Anleger für ihr Risiko beim Investment in Schwellenländer schlicht und einfach belohnt werden. Während die anderen ETFs oder Indizes höhere Sicherheiten bieten und dadurch geringere Renditen abwerfen, sind ETFs, die die Schwellenländer betreffen, eine Beimischung zum Portfolio, die wirklich breit diversifiziert und hohe Ertragschancen bietet. Aufgrund des Risikos ist strikt empfohlen, dass nie in eine Aktie in einem Schwellenland investiert wird und ebenso wenig in den ETF, der die Entwicklung eines einzigen Schwellenlandes abbildet. Ein ETF, der die Wirtschaften mehrerer Schwellenländer abbildet, ist der ideale Weg. Kommer empfiehlt in seinem Werk einen Anteil der Schwellenländer-ETFs am Portfolio von 10 bis 25 %.

Small-Caps, Nebenwerte, kleine Unternehmen

Denken wir zurück an die Zeiten der geplatzten New-Economy-Blase, dann fällt uns auf, dass die Unternehmen, die hohe Renditen verzeichneten, zunächst nicht dem DAX angehörten. Es waren zunächst Small-Caps, also kleine Unternehmen. Zwar kam es zu dem Platzen der Blase, da Anleger überspekulierten und keine rationalen Räume mehr gegeben waren. Doch abseits eines Aktien-Booms wie zur damaligen Zeit sind Small-Caps heute eine essenzielle Beimischung für ein Portfolio. Sie haben wesentlich mehr Wachstumspotenzial und stellen sogar Rendite in dreistelliger Prozent-Höhe in Aussicht. Am Portfolio dürfen diese Small-Caps einen Anteil von 10 bis 30 % ausmachen. Entsprechende ETFs mit Small-Caps – nationale sowie internationale Produkte – sind somit im Indexing eine empfohlene Komponente.

Value-Aktien

Value-Aktien, die Sie bereits beim Wertansatz kennenlernen durften, bilden eine wichtige Konstante: Mit ihnen kehren stabile Bilanzen, zuverlässige Dividendenzahlungen und Krisenfestigkeit in das eigene Portfolio ein. Im Rahmen der Buy-and-Hold-Strategie kommt ihnen eine unverzichtbare Bedeutung zu. Einerseits lassen sich einzelne Aktien dem Portfolio beimischen, wozu es im Verlaufe dieses Buches Beispiele und konkrete Empfehlungen geben wird. Andererseits sind ETFs käuflich, die die vermögendsten und ertragsstärksten Unternehmen abbilden. Solche ETFs sind beispielsweise jene, die die Indizes der Großunternehmen (z. B. Dow Jones, DAX) von Industriestaaten widerspiegeln. Im eigenen Aktienportfolio ist ein Anteil von 40 bis 50 % nahezulegen.

Rohstoff-Investments

Rohstoff-Investments erfolgen hauptsächlich auf drei Wegen: Die Sache wird direkt gekauft, was mit Lagerkosten und erforderlichen Sicherheitsmaßnahmen einhergeht. Alternativ wird in Futures investiert, wobei die Option auf Geschäftswahrnehmung in der Zukunft gegeben ist. Dies kann bei einem höheren künftigen Preis beachtliche Gewinne bescheren. Zu guter Letzt sind Rohstoff-ETFs eine Möglichkeit. Rohstoff-ETFs weisen ein breit gefächertes Angebot auf:

- Energie
- Edelmetalle
- Basismetalle

- Agrarstoffe
- Kombinationsvarianten der genannten Kategorien

Auch können Sie einzelne Edelmetalle auswählen, wobei bei einem Investment einzig in den Kursverlauf von Gold allerdings kein ETF mehr gegeben wäre, da weitere Edelmetalle fehlen würden. Da zudem ein Investment in ein einzelnes Edelmetall risikoreicher wäre, ist empfohlen, in einen ETF zu investieren, der mehrere Kategorien von Rohstoffen oder aus einer Kategorie (z. B. Basismetalle) mehrere Kursverläufe abbildet.

Der Hype, der früher um das Thema „Rohstoffe" kursierte, sagte Rohstoffen eine hohe Relevanz bei der Kapitalanlage voraus. Die Begründung erschien plausibel: Rohstoffe sind endlich und werden dementsprechend hart umkämpft sein. Gerd Kommer beschreibt in seinem genannten Werk jedoch treffend, wieso exakt dies nach heutigem Wissensstand (Stand: Januar 2020) nicht der Fall ist. Und zwar hat sich herausgestellt, dass die Optimierungen und Weiterentwicklungen in den Bereichen der Exploration und Förderung von Rohstoffvorkommen helfen, neue Potenziale zu erschließen. Einzelne Rohstoffe lassen sich zudem in andere Rohstoffe transformieren. Somit sind Rohstoffe nicht so endlich, wie jahrzehntelang behauptet wurde und was letzten Endes im März 2009 zu einem Fall der Ölpreise um knapp 75 % innerhalb von acht Monaten führte.

Ist das zu glauben!?

Bei der Bewertung der Rohstoffvorkommen wird immer von dem Planeten Erde ausgegangen, was nach heutigen wissenschaftlichen Maßstäben definitiv korrekt ist. Doch die Technologie entwickelt sich in nahezu allen Bereichen rasant. Zudem verfügen

> Luft- und Raumfahrt über Mittel, die dem Durch-
> schnittsmenschen gar nicht bekannt sind. Sobald
> die Rohstoffvorkommen anderer Planeten angezapft
> werden können, ist auf lange Sicht von geringeren
> Perspektiven für die Rohstoffpreise auszugehen. Vor
> allem Edelmetalle könnten bedeutend leiden.

Bis es zum Anzapfen des Diamantenregens kommen wird,
dauert es mindestens noch mehrere Jahrzehnte. Doch der
große Garant für zukünftige Renditen sind Rohstoffe nicht.
Da allem voran Gold ein Aufblühen in Krisenzeiten erlebt hat
und insbesondere im Fernen Osten, wo ein großer Anteil der
Weltbevölkerung lebt, einen hohen kulturellen Stellenwert
hat, ist die Beimischung von Rohstoff-ETFs (bevorzugt mit
Edelmetallen) zu 10 % ins eigene Portfolio empfohlen.

Immobilienfonds: Option oder die „schlechtere Immobilie"?

Hinter Immobilienfonds wird dieser Ratgeber ein Fragezeichen stellen. Der Vollständigkeit wegen ist nach Vorbild von
Gerd Kommers Vorschlägen zum *Indexing* der Immobilienfonds als Anlagemöglichkeit mit aufgenommen. Während
Kommer darauf verweist, dass die Korrelation mit Aktien
und Anleihen gering ist und dies als Vorteil nennt, verweist
dieser Ratgeber darauf, dass ein solcher Vorteil bereits bei
Rohstoffen gegeben ist. Zwar haben Immobilienfonds das
Potenzial zu einer Rendite, die die Inflation ausgleicht und
einen Gewinn einbringt. Nichtsdestotrotz ist das Investment in eine reale Immobilie lohnender. Haben Sie als
Anleger die Möglichkeit dazu, sich eine Immobilie zu kaufen,
dann ziehen Sie diesen Weg vor und vermieten Sie diese
Immobilie während der Kreditlaufzeit, falls Sie eine Finan-
zierung gewählt haben. So können Sie das Investment mit
Fremdkapital hebeln und bereits nach zehn bis 15 Jahren

durch die eingenommene Miete trotz des abzubezahlenden Kredits einen Gewinn einfahren. Schließlich steigt die Miete an. Ist die Immobilie abbezahlt, weist sie im Laufe der Jahre in der Regel einen Anstieg im Wert auf. Die diversen Steuervorteile seien an dieser Stelle ausgelassen, um den Rahmen nicht zu sprengen. Mit dem Potenzial einer eigenen Immobilie (ob durch Eigenfinanzierung oder mit Kredit) können bei langfristiger Betrachtung Immobilienfonds nicht mithalten. Hinter der Behauptung, das eigene Vermögen sei bei einer realen Immobilie gebunden und Anleger könnten nur bei Aktienfonds einen schnellen Verkauf und den Erhalt liquider Mittel realisieren, verbirgt sich mehr Schein als Sein. Denn auch offene Immobilienfonds haben ihre Regeln, unter die eine Mindesthaltedauer fällt. Da somit das Kapital in Immobilienfonds stark gebunden ist, offene Immobilienfonds eine höchstwahrscheinlich geringere Rendite einbringen als Immobilien oder Aktien und die Rohstoffe bereits den geringen Vorteil einer ausbleibenden Korrelation mit Aktien und Anleihen mit sich bringen, ist von vornherein empfohlen, auf Immobilienfonds zu verzichten. Auch wenn Kommer einen geringen Anteil des eigenen Kapitals für die Anlage in Immobilien-ETFs vorschlägt, ist der Rat dieses Buches, lieber fünf bis zehn Prozent zusätzlich in Rohstoff-Indizes zu investieren, als sich den Aufwand eines Immobilien-ETFs anzutun.

Indexing: Rein in ETFs investieren?

Es verbleibt die Frage, ob im Rahmen des Indexing eine Investition rein in ETFs vorgesehen ist. Bisher klang dies so durch und der Name Indexing lässt dieses naheliegend erscheinen. Allerdings formuliert Gerd Kommer in seinem Buch, dass ETFs im Portfolio **möglichst** enthalten sein sollten. Dies lässt Freiraum, auch andere Wertpapiere ins Portfolio mit aufzunehmen oder gar reale Sachwerte zu kaufen. Dazu können beispielsweise Immobilien, Edelmetalle oder Agrarprodukte in ihrer physischen Form gehören. Dieser Ratgeber empfiehlt Ihnen, zu 80 % auf ETFs zu setzen und physische Produkte zu meiden. Streben Sie also einen Einbezug von Gold ins persönliche Portfolio ein, dann tuen Sie dies über ein Wertpapier, dass den Goldkurs abbildet, oder – da Rohstoffe die riskantere Anlage sind – über ETFs, die die Wertverläufe mehrerer Edelmetalle abbilden. Wenn Sie auf einen ETF verzichten, dann idealerweise im Bereich der Value-Aktien: Die Value-Aktien sind nämlich am wenigsten spekulativ und zugleich äußerst rendite- sowie krisenstark. Suchen Sie sich hieraus bestimmte Unternehmen, die in Ihnen gut bekannten Branchen agieren und die Sie fachgerecht evaluieren können, dann besteht die Aussicht darauf, dass Sie einen Volltreffer landen. Mehr zur Entscheidung für einzelne Value-Aktien erfahren Sie im Verlaufe dieses Buches noch.

Zyklisch und antizyklisch investieren

Einige Anleger entscheiden sich dafür, Ihre Investments gezielt nach den Konjunkturphasen auszurichten. Zyklische Aktien gehen mit der Konjunktur, antizyklische Aktien sind konjunkturunabhängig. Letztere zeichnen sich also dadurch aus, dass das Angebot oder die Dienstleistung der Unternehmen jederzeit gefragt ist. Definitiv immer gefragt sein werden Lebensmittel, Kosmetikprodukte und das Gesundheitswesen. Diese Aktien sind sogar in Zeiten der Depression und der Rezession ein naheliegendes Investment. Zyklisch hingegen sind Angebote wie aus der Automobilindustrie, aus der Unterhaltungsbranche sowie andere Branchen, die nicht unbedingt essenziell für den Alltag sind. Doch Vorsicht: In heutigen Zeiten hat sich die Wahrnehmung dessen, was essenziell ist, verschoben. So wird der Streaming-Anbieter *Netflix* nicht zwingend in Phasen schwächelnder Konjunktur ebenfalls schwächer performen. Denn selbst Arbeitslose und hoch verschuldete Personen werden auf die täglichen Serien nur schweren Herzens verzichten können. Es liegt also auch am persönlichen Ermessensspielraum, wenn es um die Grenzziehung zwischen zyklischen und antizyklischen Aktien geht.

Bei Wachstums-Aktien absolut wichtig!

Von der Zuordnung zu zyklischen und antizyklischen Aktien werden Sie insbesondere bei Wachstumsunternehmen Gebrauch machen müssen. Wieso dem so ist?

- ETFs halten Sie über mehrere Jahre oder gar Jahrzehnte als Kern des Portfolios langfristig. Mag sein, dass die Konjunkturphasen eine negative Performance in einzelnen Zeiträumen verursachen werden, doch weil sich die Wirtschaft auf lange Sicht weiterentwickeln wird, spielt dies kaum eine Rolle.
- Value-Aktien werden ebenfalls über längere Zeiträume gehalten und müssen in den einzelnen Konjunkturphasen nicht durchgetauscht werden. Diese Aktien sind wertstabil. Formuliert man es überspitzt, dann können weder Weltwirtschaftskrisen noch Atomkriege die entsprechenden Unternehmen langfristig schädigen. Auch sie werden langfristig Gewinne verzeichnen, was sich in einem kleinen, aber stabilen Wachstum zeigen wird.
- Wachstumsunternehmen verzeichnen über einen Zeitraum von mehreren Monaten Wachstum. Auf den häufig kometenhaften Aufstieg folgen ein Fall und der Verkauf des Wertpapiers. Es wird also verhältnismäßig kurzfristig investiert. Kaufen Sie eine zyklische Growth-Aktie in einer Phase der Rezession, dann hat diese kaum eine Chance, da in dieser Konjunkturphase die etablierten Unternehmen den Growth-Unternehmen das Kundenpotenzial abnehmen.

75

Wir sehen also, dass sich Wachstumsunternehmen gegen die etablierten Unternehmen behaupten müssen. Dies ist zwar keine Neuigkeit. Doch das Durchsetzungsvermögen ist in Phasen der Rezession stark erschwert, sofern es sich um zyklische Aktien handelt. Daraus leiten sich die Kaufempfehlungen für zyklische Growth-Aktien ab: Kaufen in Phasen der Expansion, des Booms und der Depression. Nicht kaufen in der Rezessionsphase, da dort die Kurse gerade im Fallen sind und ein Wertverlust nur allzu wahrscheinlich ist. Bei antizyklischen Growth-Aktien spielt der Kaufzeitpunkt keine Rolle.

Wie wird die jeweilige Phase identifiziert?

Wer es sich möglichst einfach macht, vergleicht einfach die verschiedenen Medienberichte und die Aussagen von Experten in verschiedenen Quellen. Wer jedoch selbst detailliert recherchieren möchte, nimmt den aktuellen Stand und die historische Entwicklung der folgenden Punkte unter die Lupe:

- BIP (Bruttoinlandsprodukt): Je höher, desto stärker expandiert bzw. boomt die Wirtschaft.
- Arbeitslosigkeit: Je geringer, desto stärker expandiert bzw. boomt die Wirtschaft.
- Zinsen: Am geringsten in Phasen der Depression, damit Banken und Firmen sich möglichst günstig Geld beschaffen können.

Da die USA in der Weltwirtschaft nach wie vor tonangebend sind, werfen wir einen Blick auf die Entwicklung und den aktuellen Stand in den USA. Das BIP in den USA ist seit Jahren konstant am Steigen, was einen Boom nahelegt. Die Arbeitslosigkeit befindet sich aktuell mit knapp 3,50 % auf einem historischen Tiefstand[7] in der zeitlichen Betrachtung seit 1980. Dies deutet auf einen Boom hin. Allerdings sind die Zinsen das große Fragezeichen. Diese sind nach wie vor gering, jedoch befinden wir uns bekanntlich in einer Niedrigzinsphase. Dementsprechend sind die geringen Zinsen nicht zu stark zu gewichten. Ein Vergleich der Leitzinsen in den USA, in Großbritannien, in der Euro-Zone und in Japan zeigt, dass die Zinsen in den USA immerhin höher liegen als in anderen Nationen[8]. Dementsprechend verstärkt sich der Eindruck eines Booms.

Aufgrund der vielen Faktoren lässt sich nicht immer eine klare Linie ziehen. Mischphasen aus Expansion und Boom sind ebenfalls möglich. Da in beiden Phasen jedoch zyklische Aktien zum Kauf empfohlen sind, ist es für Sie nur wichtig, die Rezession rechtzeitig auszumachen, dann die zyklischen Aktien von Wachstumsunternehmen zu verkaufen und auf die antizyklischen Growth-Aktien zu setzen.

Sonderfall: Crowdinvesting

Das Crowdinvesting ist im Grunde genommen nicht dem Aktienhandel zuzuordnen. Anleger investieren zwar in Unternehmen und erwerben eine bestimmte Menge an Wertpapieren. Jedoch findet der Handel außerbörslich statt. Dies bedeutet, dass das Unternehmen noch nicht an der Börse notiert ist und versucht, sich anderweitig liquide Mittel durch Herausgabe der Anteile zu beschaffen. Für Anleger ist dies mit einem höheren Risiko verbunden. Denn da der Handel außerbörslich ist, fällt ein Wiederverkauf schwerer. In den meisten Fällen ist der Wiederverkauf gar unmöglich. Zudem ist eine Vielzahl an Start-ups, in welche sich über

---

[7] https://de.statista.com/statistik/daten/studie/17332/umfrage/arbeitslosenquote-in-den-usa/

[8] https://www.finanzen.net/zinsen/leitzins

das Crowdinvesting investieren lässt, finanziell nicht stark aufgestellt. Der Großteil scheitert folglich. Es kursiert die Behauptung, es würden nur Start-ups im Crowdinvesting enthalten sein, die von Banken keinen Kredit erhalten und für den Kapitalmarkt keine genügenden finanziellen Mittel verfügbar haben. Diese Behauptung ist schlüssig und rückt das Crowdinvesting in ein noch kritischeres Licht. Allerdings hat diese Anlagestrategie ebenso Vorteile. Dazu gehört u. a. die Investition direkt ins Unternehmen: Da Sie mit dem Unternehmen verhandeln und diesem die Anteile abkaufen, fließt Ihr Geld dem Unternehmen zu, welches dieses ins eigene Wachstum investieren kann. Bei einem börslichen Handel wiederum kaufen Sie – es sei denn, es handelt sich um eine Aktienemission seitens des Unternehmens – von anderen Anlegern. Dies hat zur Folge, dass Sie beim Crowdinvesting das jeweilige Unternehmen fördern.

Hinweis!

Es ist berechtigt, anzunehmen, dass Sie durch die Positionierung des Unternehmens mehr Verhandlungsspielraum bei dem Preis für die Anteile haben. Zudem sind Sie den Unternehmern näher und lernen die Menschen dahinter besser kennen: Sie sehen, wer das Unternehmen leitet und inwiefern diese Person/en Erfahrungen und Expertise vorzuweisen haben. Zudem sind Besichtigungen des Unternehmens und der internen Arbeitsabläufe – je nach Vereinbarungen mit den Unternehmern – eine Perspektive.

Sollte das Unternehmen die angestrebte Entwicklung fortsetzen und wachsen, dann ist ein Börsengang eine Option. Beim Börsengang behalten Sie Ihre Anteile, geben diese zum Teil ab oder verkaufen gar komplett. Der Kursverlauf oder der Erlös bei einem Verkauf geben Ihnen Aufschluss darüber, wie hoch der Profit in Relation zu Ihrer Anfangs-investition ausfällt. Bis zum Börsengang jedoch erhalten Sie keinerlei Meldungen zum Kursverlauf, auch verpflichtende Ad-hoc-Meldungen wie an der Börse gibt es nicht. Denn das Unternehmen ist zum Zeitpunkt Ihrer Investition beim Crowdinvesting nicht börsennotiert. Somit sind die eigene Beobachtung der Entwicklung sowie die bei Gesellschaften vorhandenen Jahresberichte die einzige Möglichkeit, mehr über den Status Quo des jeweiligen Unternehmens zu erfahren.

Nun zeigt sich, dass das Crowdinvesting noch größere Risiken als der bloße Aktienmarkt beinhaltet, als Gegen-leistung aber umso größere Renditen und ein engagier-teres Mitwirken am Unternehmen in Aussicht stellt. Wie lassen sich die Risiken eindämmen? Dazu verhelfen in erster Linie spezialisierte Plattformen fürs Crowdinvesting, die im Internet vielfach anzutreffen sind:

- Companisto
- iFunded
- WiWin
- Aescuvest

Die genannten Plattformen weisen verschiedene Schwer-punkte auf und haben Mindesteinlagen, die bei einer Investi-tion erbracht werden müssen. Die Mindesteinlagen befinden sich jedoch in einem humanen Rahmen von maximal 500 € pro Investition. Bei Aescuvest und Companisto sind Anleger bereits mit 250 € dabei.

Als Fazit sei festgehalten, dass das Crowdinvesting keine für Anfänger empfehlenswerte Anlagestrategie ist; es sei denn, der Anleger hat in einem bestimmten Gebiet Fachkennt-nisse und sieht ein großes Potenzial in einem Unternehmen, weil dieses gerade den Nerv der Zeit zu treffen scheint. Hier müssen Sie gegebenenfalls selbst walten und auf Verstand oder Bauchgefühl hören – oder auf beides. Anleger, die sich in einem stärker regulierten Markt wie der Börse zurecht-finden möchten, sich die Aussichten auf einen flexiblen Verkauf der eigenen Anteile vorbehalten möchten und wenig riskieren möchten, nehmen im Idealfall Abstand vom Crowdinvesting und widmen sich dem börslichen Handel.

Zusammenfassung: Der optimale Mix macht es!

Zahlreiche Neulinge fragen sich, welche Anlagestrategien am besten sind. Sie haben einige davon erklärt bekommen, doch letzten Endes ist es für eine erfolgreiche Aktivität als Anleger an der Börse nicht wichtig, sich auf eine dieser Anlagestrategien festzulegen, sondern einen gesunden Mix zu kreieren. Innerhalb dieses Mixes ist essenziell, eine breite Streuung zu wählen und den größten Teil des Kapitals langfristig anzulegen, wobei Value-Aktien und das Indexing die Schlüsselfaktoren sind. Ein weiterer Teil wird in Wachstumsaktien investiert. Bleibt noch ein bisschen „Spielgeld" übrig oder verfügen Sie über einen monatlichen Betrag, den Sie ohne schlechtes Gewissen und finanzielle Risiken verlieren können, dann ist der CFD-Handel ein in Frage kommender Zeitvertreib. Seien Sie sich jedoch der Risiken bewusst und machen Sie erst dann vom CFD-Handel Gebrauch, wenn Sie bereits mehrere Jahre Erfahrungen an der Börse mit Aktienhandel gemacht und zuvor beim virtuellem CFD-Handel geübt haben.

Analyse-Strategien: Wie Sie allein analysieren und Prognosen richtig anstellen

Nachdem nun die verschiedenen Möglichkeiten zur Kapitalanlage beleuchtet wurden, betrachten wir die Analyse-Strategien. Dieses Kapitel weist in zwei Arten der Analyse ein: Zum einen die Unternehmensanalysen, zum anderen die Chart-Analysen. Im Fachjargon wird die Unternehmensanalyse auch Fundamentalanalyse genannt. Diese legt nämlich das Fundament, indem sie aufzeigt, in welche Wertpapiere überhaupt investiert werden soll. Die darauffolgende Chart-Analyse untersucht rein den Kursverlauf des jeweiligen Wertpapiers. Bei dieser Untersuchung steht die Bestimmung des richtigen Zeitpunkts für ein Investment in Wertpapiere im Vordergrund: Wann soll ich anfangen, die Aktien zu kaufen? Zudem fließt die Beurteilung zum richtigen Verkaufszeitpunkt in die Chart-Analyse ein. Somit bilden die hier vorgestellten Strategien das letzte Glied ab, um beim Wertpapierhandel mit dem erforderlichen theoretischen Knowhow ausgerüstet zu sein. Sie lernen damit vom Kauf bis zum Verkauf die letzten Aspekte kennen.

Unternehmensanalysen

Die Unternehmensanalysen werden der Fundamentalanalyse zugeordnet. Im Gegensatz zur Chartanalyse, die Sie im nächsten Unterkapitel kennenlernen, basiert die Fundamentalanalyse auf dem inneren Wert einer Aktie. Sie möchte genauestens in Kenntnis bringen, was für ein Unternehmen sich hinter der Aktie verbirgt:

- Ist das Unternehmen zu Recht so bewertet, wie es der Kursverlauf widerspiegelt?
- Wirtschaftet das Unternehmen klug oder geht es mit Geldern verschwenderisch um?
- Inwiefern haben die Steuersätze in einzelnen Ländern einen Einfluss auf die Performance des Unternehmens?
- In welcher Höhe wird der Anleger durch Gewinnausschüttungen am Gewinn des Unternehmens beteiligt?
- Wie liquide ist das Unternehmen überhaupt?

Die Antworten auf diese Fragen ergeben sich aus einzelnen Kennzahlen, die in diesem Kapitel vermittelt werden. Zur Berechnung dieser Kennzahlen sind bestimmte Daten des Unternehmens notwendig, die Sie den Bilanzen und Jahresabschlussberichten entnehmen, die jedes Unternehmen zu veröffentlichen verpflichtet ist. Wie Sie die den Bilanzen und Jahresabschlüssen die Daten entnehmen, wie Sie die Kennzahlen zur Unternehmensanalyse berechnen und wie Sie die Ergebnisse der Kennzahlen evaluieren, erfahren Sie in den folgenden Abschnitten.

Kurs-Gewinn-Verhältnis

Das Kurs-Gewinn-Verhältnis (kurz: KGV) ist eine beliebte Kennzahl, um den Aktien- bzw. Unternehmenswert zu beurteilen. Es gibt Aufschluss darüber, ob ein Unternehmen über- oder unterbewertet ist. Grundsätzlich gilt: Je niedriger das Kurs-Gewinn-Verhältnis liegt, desto besser ist es für Anleger. Denn in diesem Fall ist das Unternehmen unterbewertet und eine Investition ins Unternehmen besonders lohnend. Doch Achtung: Die Zahl ist in einigen Fällen trügerisch. Um dem näher auf die Spur zu gehen, verschaffen wir uns einen näheren Einblick, damit Sie Ausnahmen richtig evaluieren können.

Welches Verhältnis ist gemeint?

Der Kurs meint den Aktienkurs. In der üblichen Rechnung wird der Kurs einer einzelnen Aktie in die Rechnung einbezogen, in einer Modifikation der Rechnung wird der gesamte Unternehmenswert angewandt. Neben dem Kurs fließt der Gewinn ein, welcher den Unternehmensgewinn in der Jahresabschlussrechnung meint. Rechnen Sie mit dem gesamten Unternehmenswert, müssen Sie den gesamten Unternehmensgewinn in die Rechnung einbeziehen. Wenden Sie den Kurs pro Aktie an, müssen Sie den Unternehmensgewinn durch die Anzahl der vom Unternehmen ausgegebenen Aktien teilen und somit auf eine Aktie runterrechnen. Heraus kommen die folgenden zwei möglichen Rechnungen:

Formel

$$\frac{Kurs}{Gewinn\ je\ Aktie} = KGV$$

$$\frac{Marktkapitalisierung}{Jahresüberschuss} = KGV$$

Es gibt bei beiden Formeln dasselbe Ergebnis. Der Unterschied besteht im Rechenaufwand. Bei der ersten Rechnung muss der Gesamtgewinn auf eine Aktie runtergerechnet werden, weswegen die zweite Formel als einfacher einzustufen ist.

Wieso ist ein niedriges KGV grundsätzlich vorteilhaft?

Vom Grundsatz her ist ein niedriges KGV deswegen vorteilhaft, weil es darauf hindeutet, dass ein Unternehmen unterbewertet ist. Es ist für große Unternehmen unter Umständen üblich, einen Aktienkurs aufzuweisen, der 30-mal höher als der Gewinn ist. Dies entspräche einem Kurs-Gewinn-Verhältnis in Höhe von 30. Sollte das Verhältnis wiederum bei

1 oder bei 5 liegen, dann ist es ein niedriger Wert, der den Kauf einer Aktie nahelegt. Doch Vorsicht: Exakt an dieser Stelle verbergen sich die Stolpersteine ...

Das KGV in seinen Ausnahmesituationen

Auch wenn ein KGV von 30 hoch erscheinen mag, so zeigt sich doch, dass dieses meistens von einigen renommierten und beliebten börsennotierten Unternehmen, wie z. B. *Amazon*, sogar noch übertroffen wird: Ende 2019 stand bei *Amazon* ein KGV in Höhe von 82,92 zu Buche[9]. Dies nochmals vor Augen gerufen: Das Unternehmen *Amazon* verzeichnete eine fast 83-mal höhere Unternehmensbewertung als jährlichen Gewinn. Dennoch ist das KGV bei *Amazon* berechtigt, da das Unternehmen seit Bestehen ein konstantes Wachstum verzeichnet und die Gewinne von Jahr zu Jahr steigert. Somit fließt in die Bewertung der Höhe des KGV ein Blick in die Historie ein. Setzt *Amazon* sein Wachstum wie gehabt fort, verzeichnet jedoch irgendwann aus bestimmten Gründen ein KGV von nur noch 40, dann stellt dieses KGV einen lukrativen Einstiegszeitpunkt dar. Währenddessen wäre ein KGV von 20 bei der *Lufthansa AG* ein bei weitem zu hoher Wert. Schlussendlich ist der Blick in die Historie und Gewinnentwicklung eines Unternehmens notwendig, um das KGV richtig einschätzen zu können. Was niedrig und was hoch ist, ist demzufolge relativ.

Weitere Trugpotenziale bei dem KGV sind die Jahresabschlüsse von Unternehmen: Unternehmen haben die Möglichkeiten, in der Bilanzierung verschiedene Regelungen und Gesetze anzuwenden, welche Freiraum lassen, den Jahresüberschluss zu senken oder zu steigern. Was im ersten Jahr noch nach solider Bilanz aussieht, kann im nächsten

---

[9] https://www.boerse.de/fundamental-analyse/Amazon-Aktie/ US0231351067

Jahr durch die Ansetzung von Ausgaben aus dem Vorjahr den Gewinn deutlich schmälern.

Zuletzt sei auf die Situation in der Wirtschaft und auf dem Markt eingegangen. In starken Konjunkturphasen, in denen die Wirtschaft blüht, kann das KGV niedrig ausfallen, da die Nachfrage nach dem Produkt oder der Dienstleistung des Unternehmens sich gerade erst steigert. Steht jedoch eine schwache Konjunkturphase bevor, wird das KGV zunehmend höher. So wird das Unternehmen überbewertet und für ein Investment nicht lukrativ. Anleger können dies voraussehen und in Erwartung fallender Gewinne die Aktien abstoßen, was das KGV zeitweilig sogar noch stärker erhöht, ehe es durch den Eintritt des Konjunkturabschwungs plötzlich krachend fällt. Dementsprechend ist das KGV insbesondere in Branchen, in denen das Geschäft von der allgemeinen wirtschaftlichen Situation stark abhängig ist, mit Vorsicht zu genießen. Bei solchen Branchen, die wiederum konjunkturunabhängig gefragt sind, ist ein niedriges KGV bereits ein aussagekräftigeres Zeichen.

Fazit

- KGV spiegelt wider, wie hoch der Kurs einer Aktie im Verhältnis zum Gewinn des Unternehmens pro Aktie ist
- Niedrige KGVs deuten auf unterbewertete Unternehmen hin, die sich für ein Investment empfehlen, wobei „niedrig" relativ ist
- Um definieren zu können, bei welchem Unternehmen welches KGV als niedrig einzustufen ist, ist ein Blick auf die Unternehmenshistorie und die Gewinne der vergangenen Jahre essenziell
- KGVs sind stets abhängig von der Wirtschaft, der Situation auf dem Markt und der Bilanzierung des Unternehmens zu bewerten

Ausschüttungsquote

Die Ausschüttungsquote, auch *Payout ratio* genannt, spiegelt wider, welchen Anteil des Gewinns ein Unternehmen an seine Aktionäre ausschüttet. Bei Anlagestrategien, die auf den Erhalt hoher Dividendenzahlungen ausgerichtet sind, ist die Ausschüttungsquote ein unabdingbares Merkmal der Analyse von Wertpapieren und Unternehmen.

Berechnung der Ausschüttungsquote

Formel

$$\frac{Dividende\ je\ Aktie}{Gewinn\ je\ Aktie} = Ausschüttungsquote$$

Je höher die Ausschüttungsquote ist, umso höher ist der Erhalt an Dividenden. Doch Achtung: Für das Unternehmen an sich ist eine hohe Ausschüttungsquote nicht zwingend vorteilhaft. Denn dadurch geht Geld verloren, welches ins Unternehmenswachstum fließen könnte. Anfänger unter den Anlegern sind darauf bedacht, möglichst schnell Gewinne zu verzeichnen. Dabei zaubert die jährliche Gewinnausschüttung ein Strahlen in die Augen. Doch wächst das Unternehmen aufgrund hoher Ausschüttungen nur langsam oder gar nicht, verlieren Anleger an anderer Stelle: Nämlich beim Kursverlauf. An dieser Stelle sei angemerkt: Was bringt eine hohe Dividendenzahlung pro Jahr, wenn auf lange Sicht ein noch größerer Kursverlust verzeichnet wird? Am Ende verkaufen Sie die Aktie und haben ein Verlustgeschäft. Betrachten Sie deswegen stets bei der Ausschüttungsquote, welche Entwicklung das Unternehmen parallel dazu verzeichnet und vor allem, wie konstant diese Ausschüttungsquote ist.

Schüttet das Unternehmen eine für Sie persönlich zufriedenstellende Quote konstant über mehrere Jahre oder gar

Jahrzehnte aus UND verzeichnet dabei ein signifikantes Wachstum, dann dürfen Sie der Ausschüttungsquote Zuverlässigkeit beimessen und diese als Kriterium für einen Anlagenentscheid mit einbeziehen.

Welche Ausschüttungsquoten sind gut?

Anleger, die ein hohes Augenmerk auf Dividendenzahlungen legen, können in angebotene Aktienfonds oder ETFs investieren, die sich auf dividendenorientierte Aktien spezialisieren. In diesem Fall sind sogar Dividendenzahlungen im Bereich von 40 % der Unternehmensgewinne möglich!

Die Höhe der zu erwartenden Ausschüttungsquoten variiert üblicherweise mit der Branche. In der Finanzbranche, wo die Gewinnorientierung stärker ausgeprägt ist als in anderen Branchen, finden sich folglich höhere Ausschüttungsquoten als im Gesundheitswesen und in der Industrie. Auch der Energiesektor sowie die Kommunikationsbranche zeichnen sich durch hohe Ausschüttungsquoten aus. Im Groben ist in den genannten Sektoren mit folgenden Ausschüttungsquoten zu rechnen[10]:

- Energie: 4,1 %
- Finanzen: 4,2 %
- Kommunikation: 4,7 %
- Gesundheit: 1,9 %
- Industrie: 2,2 %

Ausschüttungsquote höher als der Gewinn

Was Anlegern Fragezeichen auf die Stirn zaubern mag, ist eine höhere Ausschüttungsquote als der Gewinn. Es handelt sich um eine Seltenheit, die dem Unternehmen allerdings

[10] https://aktienfinder.net/blog/ist-die-dividende-sicher-die-ausschuettungsquote/

nicht zwingend einen Verlust bescheren muss. Denn sind nur 20 % des Unternehmens in Form von Aktien abgegeben und der Rest der Wertpapiere verbleibt im Unternehmen selbst, so bedeutet selbst eine Ausschüttungsquote von 150 %, dass noch Gewinn beim Unternehmen verbleibt. Dahingegen hat das Unternehmen den Vorteil, die Aktionäre für die Haltung der Aktien zu belohnen, und schafft Anreize, den Kurs der Aktie zu steigern. Allerdings ist eine solche Ausschüttungsquote eine Seltenheit. Auffällig hohe Ausschüttungsquoten erwecken ohnehin den Verdacht, über ein schlechtes Unternehmenswachstum hinwegzutäuschen. Dementsprechend ist empfohlen, von Einzelinvestments in Unternehmen mit mehr als 50 % Dividendenausschüttungen im Verhältnis zum Gewinn pro Aktie abzusehen. Naheliegender ist das Investment in Aktienfonds oder ETFs, die eine Mehrzahl an Unternehmen mit hohen Dividendenzahlungen einschließen und auf diesem Wege das Risiko streuen.

Fazit

- Ausschüttungsquote gibt Aufschluss über die Höhe der Dividendenzahlungen je Aktie im Vergleich zum Gewinn pro Aktie
- Unternehmen aus den Energie-, Kommunikations- und Finanzbranchen bieten die höchsten Ausschüttungsquoten, wohingegen weniger profitorientierte Branchen geringere Ausschüttungsquoten in Aussicht stellen
- Fokus auf hohe Ausschüttungsquoten ist nur dann empfohlen, wenn parallel dazu auf ein solides Unternehmenswachstum Wert gelegt wird

Gewinn vor Zinsen und Steuern (EBIT)

Der Gewinn vor Zinsen und Steuern (kurz: EBIT; *Earnings before Interest and Taxes*) ist vor allem bei dem Vergleich von

Unternehmen über die Landesgrenzen hinweg nützlich. Weil die Steuersätze in den einzelnen Nationen variieren, ist es sinnvoll, den Gewinn vor Zinsen und Steuern zu betrachten. Hierin spiegelt sich die reine Ertragssituation des Unternehmens wider.

Berechnung des EBIT

Die Berechnung des EBIT erfolgt durch einen der einfachsten Rechenvorgänge: Durch die Subtraktion. Von der GuV (Gewinn- und Verlustkostenrechnung), zu der jedes börsennotierte Unternehmen verpflichtet ist, müssen folgende Posten subtrahiert – also abgezogen – werden:

- Zinsen
- Ertragssteuern

Unter die Zinsen fallen einerseits die zu zahlenden Zinsen für Kredite oder andere Verbindlichkeiten, aber ebenso Erträge aus Beteiligungen, wozu beispielsweise gehaltene Aktien oder Aktienfonds gehören. Letztere sind sämtliche auf den Ertrag anfallende Steuern, wozu die Gewerbe- und die Körperschaftssteuer gleichermaßen gehören. Auch der Solidaritätszuschlag fließt mit ein.

Nehmen wir uns als Beispiel die folgende GuV vor:

	1	Umsatzerlöse	10.000.000
-	2	Herstellungskosten	6.000.000
=	3	Bruttoergebnis vom Umsatz	4.000.000
-	4	Vertriebskosten	1.000.000
-	5	Allgemeine Verwaltungskosten	600.000
+	6	Sonst. betriebliche Erträge	200.000

-	7	Sonst. betriebliche Aufwendungen	800.000
+	8	Erträge aus Beteiligungen	100.000
+	9	Erträge aus anderen Wertpapieren und Ausleihungen des Finanzanlagevermögens	150.000
+	10	Sonstige Zinsen und ähnliche Erträge	100.000
-	11	Abschreibungen auf Finanzanlagen und auf Wertpapiere des Umlaufvermögens	50.000
-	12	Zinsen und ähnliche Aufwendungen	800.000
-	13	Steuern auf Einkommen und Ertrag	300.000
=	**14**	**Ergebnis nach Steuern**	**1.000.000**
-	15	Sonstige Steuern	0
=	**16**	**Jahresüberschuss**	**1.000.000**

Quelle: welt-der-bwl.de[11]

Die rot markierten Posten müssen abgezogen werden. Dies geschieht, indem Sie entweder die Posten 3 (Ergebnis der ersten beiden Posten) bis 7 zusammenrechnen oder indem Sie die Posten 8 bis 13 zusammenrechnen und mit dem gegenteiligen Rechenoperator zum Jahresüberschuss hinzuaddieren.

Beide Rechnungen in der Kurzübersicht:

---

[11] https://www.welt-der-bwl.de/Finanzergebnis

1. $4.000.000 - 1.000.000 - 600.000 + 200.000 - 800.000$
   $= 1.800.000$
2. $100.000 + 150.000 + 100.000 - 50.000 - 800.000 -$
   $300.000 = -800.000$
   $1.000.000 + 800.000 = 1.800.000$

Die erste Rechnung sollte zweifelsohne die einfachere sein.

EBIT ist in der GuV ausgewiesen

§ 275 des HGB[12] (Handelsgesetzbuch) definiert, welche Posten in einer GuV aufgeführt sein müssen. Das EBIT gehört nicht dazu, wird jedoch meistens als Betriebsergebnis oder operatives Ergebnis von Unternehmen in Form eines Zwischenergebnisses eingefügt. Unternehmen kommen damit Analysten und Anlegern entgegen und gestalten die GuV auf diesem Wege transparenter. Ihnen bleibt die Rechenarbeit erspart und Sie erhalten das Ergebnis auf den ersten Blick. Der Posten wird als Zwischenergebnis wie folgt eingefügt:

	1	Umsatzerlöse	10.000.000
-	2	Herstellungskosten	6.000.000
=	3	Bruttoergebnis vom Umsatz	4.000.000
-	4	Vertriebskosten	1.000.000
-	5	Allgemeine Verwaltungskosten	600.000
+	6	Sonst. betriebliche Erträge	200.000
-	7	Sonst. betriebliche Aufwendungen	800.000
=		**Betriebsergebnis (EBIT; operatives Ergebnis)**	**1.800.000**
+	8	Erträge aus Beteiligungen	100.000

---

[12] https://www.gesetze-im-internet.de/hgb/__275.html

91

+	9	Erträge aus anderen Wertpapieren und Ausleihungen des Finanzanlage-vermögens	150.000
+	10	Sonstige Zinsen und ähnliche Erträge	100.000
-	11	Abschreibungen auf Finanzanlagen und auf Wertpapiere des Umlaufver-mögens	50.000
-	12	Zinsen und ähnliche Aufwendungen	800.000
-	13	Steuern auf Einkommen und Ertrag	300.000
=	**14**	**Ergebnis nach Steuern**	**1.000.000**
-	15	Sonstige Steuern	0
=	**16**	**Jahresüberschuss**	**1.000.000**

Quelle: welt-der-bwl.de[13]

Aussagekraft des EBIT

Der Vorteil des EBIT ist rein auf den internationalen Vergleich von Unternehmen ausgelegt. Dies betrifft aber ausschließlich Unternehmen aus denselben Branchen. Denn Banken, denen ein anderes Geschäftskonzept zugrunde liegt als Industrieunternehmen, werden zu einem deutlich negativen EBIT neigen, während dies bei Unternehmen aus der Industriebranche größtenteils anders ist. Im Grunde genommen ist jedoch bei nahezu allen großen Unternehmen von einem negativen EBIT auszugehen, da diese kreditfinanziert sind. Somit ist ein negatives EBIT unter keinen Umständen ein Kriterium für geringe Qualität.

---

[13] https://www.welt-der-bwl.de/Finanzergebnis

Fazit

- Das EBIT bildet das reine Betriebsergebnis von Unternehmen ab; vor den Einnahmen und Ausgaben durch Zinsen, vor den Beteiligungseinnahmen und vor den Ertragssteuern
- Somit lassen sich internationale Unternehmen optimal vergleichen
- Beim internationalen Vergleich ist das EBIT deswegen wichtig, weil sich die Steuersätze der verschiedenen Staaten unterscheiden
- Das EBIT ist in der GuV eines Unternehmens direkt aufgeführt oder es lässt sich errechnen
- Ein Rechenweg führt über die Addition der rein betrieblichen Einnahmen und Subtraktion der rein betrieblichen Ausgaben
- Der andere Rechenweg führt über eine Rückrechnung vom Jahresergebnis: Unter den Beteiligungen, Zinsen und Ertragssteuern werden sämtliche Ausgaben zum Jahresergebnis hinzugerechnet und sämtliche Einnahmen vom Jahresergebnis abgezogen

EBITDA

Das EBTIDA (*Earnings before Interest, Taxes, Depreciation and Amortization*) bildet den Gewinn vor Zinsen, Steuern, Abschreibung auf Sacheinlagen und Amortisation von immateriellen Wirtschaftsgütern ab. An dieser Stelle tauchen zwei neue Begriffe auf, die einer Definition bedürfen, um fortzufahren: Abschreibung und Amortisation.

Bei der Abschreibung handelt es sich um einen Betrag, den Unternehmen vom Gewinn abziehen, um die Wertminderung einer Sache und deren Ankaufspreis steuerlich geltend zu machen. Man gehe davon aus, ein Unternehmen hätte eine Geschäftsimmobilie gekauft oder errichtet: In diesem Fall lassen sich die kompletten Kosten nicht wie bei kleineren Sachwerten in dem Jahr des Kaufs abschreiben, sondern werden verteilt. Bei einer Geschäftsimmobilie müsste die komplette Kaufsumme (abzüglich der Nebenkosten und des Grundstückspreises, auf dem die Immobilie steht) auf 33 Jahre und 3 Monate aufgeteilt und pro Jahr mit einem Anteil von 3 % abgeschrieben werden. Bei Immobilien, die zu anderen Zwecken gekauft werden, sowie anderen Sachwerten finden andere Abschreibungssätze Anwendung. Beispielsweise beträgt die Abschreibungsdauer für Computer keine 33 Jahre und 3 Monate, dasie bei sämtlichen Sachwerten an eine realistische Nutzungsdauer angepasst wird. Bei einem Computer sind dies drei Jahre. Was haben Unternehmen von der Abschreibung überhaupt? Sie machen die Kosten für angeschafftes Material steuerlich geltend. Die gekauften Sachwerte sind notwendige Investitionen, um den Betrieb aufrechtzuerhalten oder zu vergrößern. Sie dienen also der Wettbewerbsfähigkeit oder verschaffen gar Wettbewerbsvorteile. Insbesondere bei Unternehmen, die über mehrere Jahre hinweg hohe Investitionen verzeichnen und zunächst warten müssen, bis sich Gewinne einstellen, oder beim Ausbau eines neuen Geschäftssegments können die Abschreibungssätze sehr hoch ausfallen.

Die Amortisation ist ein anderes Wort für die „Absetzung für Abnutzung" bzw. „Abschreibung für Abnutzung". Das Prinzip ist dasselbe wie bei der Abschreibung von Sachwerten, allerdings mit dem Unterschied, dass es sich diesmal um immaterielle Güter handelt. Diese immateriellen Güter können gekaufte Patente, Rechte, Lizenzen u. Ä. sein. Beispiele hierfür sind Domain-Namen und Software-Lizenzen. Die Ausgaben werden in dem Zyklus angesetzt, in welchem die Ratenzahlungen oder andere Zahlungen erfolgen.

Eine weitere Vertiefung beider Kennzahlen ist zunächst nicht erforderlich.

Aussagekraft des EBITDA

Das EBITDA ist sinnvoll für Unternehmensbewertungen bei Unternehmen mit hohen Abschreibungsbeträgen. So sind in einigen Branchen negative Jahresabschlüsse durchaus berechtigt. Auch bei jungen und wachstumsstarken Unternehmen ist diese Kennzahl sinnvoll. Denn ein junges Unternehmen, welches zugleich wachstumsstark ist, erlangt dieses Wachstum für gewöhnlich über hohe Investitionen. Angesichts aller zur Zeit der Unternehmensgründung anfallenden Anschaffungen sind hohe Abschreibungsbeträge gang und gäbe. Damit dies nicht die Unternehmensbewertung verzerrt, ist das EBITDA sinnvoll.

Hinweis!

Auch im Hinblick auf den internationalen Vergleich von Unternehmen aus denselben Branchen ist das EBITDA eine hilfreiche Größe. Denn die Abschreibungsmethoden sowie Nutzungsdauern bei verschiedenen Vermögenswerten variieren. Zudem haben Unternehmen vereinzelt die Wahl, ob sie nach dem HGB oder den IFRS (International Financial Reporting Standards) bilanzieren möchten. US-Unternehmen unterliegen nicht mal den IFRS, sondern den USA-GAAP, was ein weiteres Argument zur Verwendung des EBITDA zur Unternehmensbewertung ist.

Berechnung des EBITDA

Die Berechnung des EBITDA umfasst zunächst dieselbe Vorgehensweise wie bei der Berechnung des EBIT, hat aber einen weiteren Posten. Dieser war in der vorigen Tabelle nicht aufgeführt, fällt allerdings unter den Posten Nr. 7: Abschreibungen.

	1	Umsatzerlöse	10.000.000
-	2	Herstellungskosten	6.000.000
=	3	Bruttoergebnis vom Umsatz	4.000.000
-	4	Vertriebskosten	1.000.000
-	5	Allgemeine Verwaltungskosten	600.000
+	6	Sonst. betriebliche Erträge	200.000
-	7	Sonst. betriebliche Aufwendungen - Abschreibungen - Werbeaufwendungen - Lagerkosten - Spenden	800.000 200.000 230.000 350.000 20.000
=		**Betriebsergebnis (EBIT; operatives Ergebnis)**	**1.800.000**
+	8	Erträge aus Beteiligungen	100.000
+	9	Erträge aus anderen Wertpapieren und Ausleihungen des Finanzanlagevermögens	150.000
+	10	Sonstige Zinsen und ähnliche Erträge	100.000
-	11	Abschreibungen auf Finanzanlagen und auf Wertpapiere des Umlaufvermögens	50.000
-	12	Zinsen und ähnliche Aufwendungen	800.000
-	13	Steuern auf Einkommen und Ertrag	300.000
=	14	**Ergebnis nach Steuern**	**1.000.000**
-	15	Sonstige Steuern	0
=	16	**Jahresüberschuss**	**1.000.000**

Quelle: welt-der-bwl.de[14]

Die Tabellen, welche die GuV illustrieren, sind in den bisherigen Beispielen lediglich rudimentär. Bei einem umfang-

---

[14] https://www.welt-der-bwl.de/Finanzergebnis

reichen Jahresabschluss eines Unternehmens erhalten Sie einen Bericht, der mehrere Dutzende Seiten umfasst. In diesem Rahmen fallen die GUVs wesentlich ausführlicher aus. Die hier gezeigten Beispiele reduzieren die GuV nur auf das Wesentliche. Um die Berechnung des EBITDA zu illustrieren, wurde der siebte Posten ausführlich untergegliedert und führt nun die Abschreibungen auf. Diese werden von den Aufwendungen bzw. vom zuvor berechneten EBIT subtrahiert. So erhalten Sie das EBITDA.

Mit dem zuvor errechneten EBIT ergibt sich folgende Rechnung: 1.800.000 – 200.000 = 1.600.000.

Fazit

- Das EBITDA bereinigt das Jahresergebnis um das EBIT und zusätzlich um den Posten „Abschreibungen"
- Das EBITDA wird Unternehmen mit hohen Abschreibungsbeträgen sowie jungen und stark wachsenden Unternehmen gerecht und ermöglicht einen besseren internationalen Vergleich dieser Unternehmen mit anderen Unternehmen
- In der GuV errechnet sich das EBITDA durch die Subtraktion der Abschreibungen aus dem Betriebsergebnis

Cash-Flow

Der Cash-Flow (Geldfluss) ist lohnend, um Unternehmen innerhalb einer Branche zu vergleichen. Wie der Name schon sagt, bildet er den Betrag aller Mittelzuflüsse sowie -abflüsse ab. Da die Mittelzuflüsse und -abflüsse einen direkten Geldstrom zwischen verschiedenen Parteien umfassen, bestehen auf legalem Wege keinerlei Möglichkeiten, die Ergebnisse zu beschönigen oder anderweitig zu variieren. Darüber hinaus gibt es auch auf illegalem Wege keine bekannten Optionen, den Cash-Flow zu manipulieren oder zu fälschen. Dementsprechend hat sich der Cash-Flow einen Namen als eines der wichtigsten Mittel für Unternehmensbewertungen gemacht.

Sinn der Cash-Flow-Berechnung

Der Cash-Flow bildet als Ergebnis aus Mittelzuflüssen und -abflüssen die Liquidität eines Unternehmens ab. Anhand der Liquidität erkennen sowohl Anleger als auch Kreditgeber, wie viel Zahlkraft das Unternehmen hat: Wie sehr ist das Unternehmen eigenfinanziert und in der Lage, den Geschäftstätigkeiten aus eigenen finanziellen Mitteln nachzugehen? Ist der Cash-Flow positiv, ergibt sich für Banken eine gute Kreditwürdigkeit des Unternehmens. Es bringt Eigenkapital als Sicherheit für Finanzierungen ein. Sollte der Cash-Flow negativ ausfallen, bedeutet dies eine Verschuldung des Unternehmens und einen klaren Mangel an Kreditwürdigkeit. Dies trifft beispielsweise auf die Commerzbank zu, die als äußerst riskantes Investment und als eine der aus der Niedrigzinsphase resultierenden Zombie-Firmen gehandelt wird.

Hinweis!

Die Niedrigzinsphase soll die Wirtschaft ankurbeln. Banken, Unternehmen und Privatpersonen sind in der Lage, sich aufgrund niedriger Zinsen kostengünstig Geld über Kredite zu holen. Im Zuge der Niedrigzinsphase wurden mehrere Unternehmen finanziert, die sich unter gewöhnlichen Umständen nicht hätten finanzieren können. Sie werden sinngemäß Zombie-Firmen genannt. Experten sagen voraus, dass beim Platzen einer Blase diese Unternehmen bankrottgehen werden.

Da die Liquidität eines Unternehmens branchenabhängig variiert, ist lediglich der Einsatz zum Vergleich von Unternehmen innerhalb einer Branche klug. Sollte der Cash-Flow in Relation zur Konkurrenz erstaunlich hoch sein, deutet dies vom Grundsatz her auf eine hohe Liquidität hin. Doch – wie bei jeder der in diesem Kapitel vorgestellten Kennzahlen – ist wichtig zu hinterfragen, wieso der Cash-Flow so hoch ist. Investiert beispielsweise das Unternehmen das Geld nicht in Innovationen und versucht nicht, sich weiterzuentwickeln, dann ist ein hoher Cash-Flow negativ einzustufen. Sollte ein Konkurrent einen geringeren Cash-Flow aufweisen, aber dafür mehrere innovative Ansätze oder Produkte in der Pipeline haben und durch regelmäßige Erweiterungen der Produktpalette in der Vergangenheit überzeugt haben, dann ist dieses vorzuziehen. Insbesondere im digitalen Zeitalter, dem Zeitalter disruptiver Geschäftsmodelle, ist es erforderlich, sich neu zu erfinden und die Kunden in den Vordergrund des Services zu stellen – vorausgesetzt, die Branche lässt dies zu.

Berechnung des Cash-Flows

Es gibt die direkte und die indirekte Methode der Cash-Flow-Ermittlung. Wichtig ist im Grunde genommen nur, dass einzig und allein direkte Geldflüsse gezählt werden. Von den Erträgen (also den Zuflüssen) die Aufwendungen (also die Ausgaben) subtrahiert, ergibt sich der Cash-Flow. Dies ist die direkte Berechnungsmethode. Alternativ existiert die indirekte Berechnungsmethode, in der vom Jahres-, Halbjahres- oder Quartalsgewinn sämtliche Erträge subtrahiert und Aufwendungen zugerechnet werden, die nicht zahlungswirksam sind. Da die indirekte Berechnungsmethode ein gewisses Maß an Wissen im Bereich des Rechnungswesens und der Bilanzierung erfordert, wird an dieser Stelle als einziges Beispiel der direkte Cash-Flow näher erläutert.

In die Berechnung des direkten Cashflows fließen sämtliche Erträge und Aufwendungen, die einer Zahlung in der zu untersuchenden Periode erfordern.

> **Hinweis!**
>
> Es darf beispielsweise keine Abschreibung als Aufwendung angesetzt werden. Wie gelernt wurde, erfolgen Abschreibungen auf den Ankaufspreis über mehrere Jahre. Wurde die Immobilie im zu untersuchenden Jahr gekauft, wird sie im Cash-Flow als Aufwendung (also Ausgabe) komplett angesetzt. In der Bilanz hingegen werden – im Falle einer Geschäftsimmobilie – im Ankaufsjahr 3 % des Kaufpreises des Gebäudes im ersten Jahr angesetzt.

Angaben in der Bilanz sind somit etwas anderes als der Cash-Flow. Der Cash-Flow ist im Grunde genommen einfach: Das Geld, das wirklich in dieser Periode durch das Unternehmen geflossen ist, wird in die Bewertung einbezogen. Alles andere hat keinerlei Relevanz.

Die Posten, die bei dem Cash-Flow anfallen, sind somit die folgenden:

Erträge	Aufwendungen
Einzahlungen aus Umsätzen und Forderungen	Auszahlungen für Personal und Verbindlichkeiten
Sonstige Einzahlungen	Auszahlungen für Material und Waren
Desinvestition*	Sonstige Auszahlungen
Eigenkapitaleinlage**	Investitionen
Kreditaufnahme	Eigenkapitalentnahme***
	Kredittilgung

Quelle: controllingportal.at[15]

---

[15] https://www.controllingportal.de/Fachinfo/Kennzahlen/Cash-Flow-Einfuehrung-und-Ueberblick-ueber-Cashflow-Berechnungsarten.html

* Darunter ist die Freisetzung von gebundenen finanziellen Mitteln zu verstehen. Finanzielle Mittel sind beispielsweise in Immobilien und Sachen gebunden. Werden diese verkauft, dann fließt dem Unternehmen dafür Geld zu. Da diese Dinge zuvor gekauft wurden und somit eine Investition in sie erfolgte, handelt es sich beim Verkauf um ein gegenteiliges Vorgehen. Es wird also gewissermaßen „ent-investiert", weswegen der Fachbegriff der *Desinvestition* angewandt wird.

** Gesellschafter bzw. Aktionäre lassen dem Unternehmen Eigenkapital zufließen. Solche Einlagen seitens der Gesellschafter gibt es häufig bei bestimmten Anlässen, wie z. B. der Gründung der Gesellschaft oder vertraglich festgelegten Nachschusspflichten.

*** Ist das Gegenteil zur Eigenkapitaleinlage. Gesellschafter dürfen dem Unternehmen Eigenkapital entnehmen, wenn sie eine positive Eigenkapitaleinlage verzeichnen; also mehr Geld als Null eingelagert haben. Zudem sind die sogenannte Steuerentnahme und Privatentnahme weitere Mechanismen, die der Eigenkapitalentnahme zugerechnet werden. Zudem existiert für Gesellschafter die verdeckte Gewinnausschüttung, auf die sie – abgesehen von der offenen Gewinnausschüttung für alle Anleger – Anrecht haben

Das Unternehmen führt all diese Posten in der GuV auf. Alle Erträge werden addiert, anschließend die Aufwendungen subtrahiert. Ist das Ergebnis positiv, hat das Unternehmen in diesem Jahr – rein nach den Geldflüssen zu urteilen – Gewinn gemacht. Ist das Ergebnis hingegen negativ, so hat das Unternehmen – erneut rein nach den Geldflüssen – einen Verlust verzeichnet.

Fazit

- Cash-Flow spiegelt die Liquidität des Unternehmens wider
- Er macht zum Vergleich von Unternehmen in derselben Branche Sinn
- Ein hoher Cash-Flow ist positiv, solange das Unternehmen nach wie vor innovativ tätig ist und neue Produkte entwickelt sowie Investitionen tätigt

101

- Zur Berechnung des Cash-Flows wird der Betrag aller Einnahmen und Ausgaben in einer Periode betrachtet, die wirklich geflossen sind; somit zählen keine Abschreibungen und Einkommensüberträge ins nächste Jahr und auch keine Rückstellungen oder Entnahmen aus Rücklagen

Marktkapitalisierung

Die Marktkapitalisierung bezeichnet den Börsenwert des Unternehmens. Es handelt sich um eine spannende Kennzahl, da sie den Wert des kompletten Unternehmens, der an der Börse ermittelt wird und den täglichen Schwankungen ausgesetzt ist, widerspiegelt. Eine Aktie zeigt nur den Wert einer einzelnen Aktie, wobei sich erst anhand der Stückelung der Aktien der Wert des kompletten Unternehmens berechnen lässt. Die Marktkapitalisierung hingegen liefert den Wert auf einen Blick und wird dadurch zu einer schlagkräftigen Zahl.

Marktkapitalisierung zur Segmentierung und Aufnahme in Indizes

Je höher die Marktkapitalisierung, desto besser ist das Unternehmen in Indizes platziert. Die 30 Unternehmen in dem deutschen DAX sind jene, die die höchste Marktkapitalisierung aufweisen. Dies bietet dem Unternehmen den Vorteil, im Rahmen einer umfassenderen Berichterstattung stärker ins Blickfeld der Anleger zu rücken und sich im Kampf gegen die Konkurrenz zu profilieren. Es erfolgt an Börsen eine Unterteilung, die in *small caps, mid caps* und *large caps* formuliert wird. Aktienfonds, ETFs und weitere Finanzprodukte spezialisieren sich oftmals auf eine dieser Unternehmenskategorisierungen. So werden die größten Unternehmen stark befeuert und gelten als am sichersten. Anleger wiederum profitieren davon, dass die Unternehmen mit der höchsten Marktkapitalisierung tatsächlich ein sicheres Pflaster sind. Sie sind zwar teuer, doch weisen ein geringes Risiko auf. Es gilt: Je teurer das Unternehmen, desto weniger volatil ist dessen Aktienkurs tendenziell.

Berechnung der Marktkapitalisierung

Die Berechnung der Marktkapitalisierung erfolgt denkbar einfach. Es wird die Anzahl aller herausgegebener Aktien zusammengetragen und mit dem Kurs einer einzelnen Aktie multipliziert. Teilt sich das Unternehmen in die Anzahl *x* an Aktien auf und verzeichnet einen Kurs von *y* pro Aktie, so ist das Produkt aus beiden Größen die Marktkapitalisierung des Unternehmens.

Formel

Kurs pro Aktie $\times$ *Stückzahl herausgegebener Aktien = Marktkapitalisierung*

Um dies mit einem Beispiel zu belegen, soll die Marktkapitalisierung des deutschen börsennotierten Unternehmens *Beispiel AG* herhalten. Die *Beispiel AG* weist einen Aktienkurs von 89,35 € auf. Das Unternehmen hat eine Stückzahl von 5.901.200 Aktien, von denen aber nur 1.988.522 herausgeben – also in Streubesitz – sind. Das Produkt beider Werte ergibt:

$$89,35 \text{ €} \times 1.988.522 = 177.674.441 \text{ €}$$

Dies ist die Marktkapitalisierung des Unternehmens. Für den DAX reicht diese Größenordnung keineswegs, aber unter Einbezug der anderen Kennzahlen, wie beispielsweise des Cash-Flows und des EBIT, urteilen Anleger auch im Bereich kleiner Unternehmen zuverlässig.

Fazit

- Marktkapitalisierung ist das Produkt aus Kurswert pro Aktie und Anzahl aller herausgegebener Aktien eines Unternehmens
- Verschafft einen Eindruck von der Größe des Unternehmens
- Entscheidend für die Aufnahme in Indizes
- Nur zum Vergleich zwischen Unternehmen geeignet, wenn die Unternehmen in derselben Branche und demselben Markt tätig sind

Kurs-Buchwert-Verhältnis

Das Kurs-Buchwert-Verhältnis, auch *price-to-book-ratio* oder kurz *KBV* genannt, setzt den aktuellen Kurs pro Aktie des Unternehmens in Verhältnis zu dessen bilanziellem Vermögen abzüglich der Verbindlichkeiten. Das KBV hat sich wie das KGV eine wichtige Position in der Bewertung von Unternehmen an der Börse verschafft, wenngleich es Vermögen auf bloße Bilanzposten reduziert und somit andere wichtige Komponenten außer Acht lässt.

Wie berechnet sich das Kurs-Buchwert-Verhältnis?

Der Aktienkurs wird täglich an der Börse aufgeführt und ist somit ein direkt verfügbarer Operator zur Berechnung. Mehr Aufwand bereitet die Ermittlung des Buchwertes. Hier ist ein Blick in den Jahresabschluss erforderlich. Doch relativ schnell findet sich dort die wichtige Größe: Das Eigenkapital. Dieses stellt den Buchwert dar, da es alle Vermögensgegenstände des Unternehmens zusammenträgt, abgesehen von den Verbindlichkeiten, die das Unternehmen schuldet oder selbst noch erhalten soll. Nun wird eine der folgenden Formeln genutzt:

Formel

$$\frac{Kurs}{Buchwert\ je\ Aktie} = KBV$$

$$\frac{Marktkapitalisierung}{Bilanzielles\ Eigenkapital} = KBV$$

Im Grunde genommen sind beide Rechnungen gleich anspruchsvoll. Bei der ersten Rechnung haben Sie zwar den Kurswert direkt aufgeführt, müssen jedoch aus dem Jahresabschluss des Unternehmens das Eigenkapital durch die Stückzahl an herausgegebenen Aktien teilen, um den Buchwert je Aktie zu ermitteln. Bei der zweiten Rechnung wiederum können Sie das bilanzielle Eigenkapital direkt aus dem Jahresabschluss herauslesen, müssen allerdings den Kurs mit der Anzahl der herausgegebenen Aktien multiplizieren, um die Marktkapitalisierung zu erhalten.

Aussagekraft des KBVs

Das KBV bezieht nur das bilanzielle Vermögen in die Rechnung ein. Das Vermögen, ausgezeichnete Arbeiter und ein vorbildliches Image zu haben, bleibt außen vor. Was großartige Arbeiter und einzigartige Querdenker wert sind, beschreibt die Geschichte von *Apple* am besten.

Ist das zu glauben!?

Unter Steve Jobs gewachsen, ohne Steve Jobs gefallen, konnte das Unternehmen *Apple* erst zu alter Stärke zurückfinden, als Steve Jobs im Jahre 1997 seine übergangsweise und im Jahre 2000 seine dauerhafte Rückkehr in die Rolle als CEO von *Apple* feierte. Er war der Perfektionist und Querdenker. Ohne ihn

> verzeichnete *Apple* zuvor seltene massive Kursverluste und musste Paniken der Anleger verkraften, die zu den Wertverlusten der Aktie führten. Mit Steve Jobs kam der alte Erfolg zurück. Kein Vermögen in der Bilanz konnte das aufwiegen, was Steve Jobs dem Unternehmen *Apple* brachte.

Vermögen liefert Aufschlüsse darüber, ob die Aktie des Unternehmens fair bewertet ist. So wird es ermöglicht, besser über einen lukrativen Einstiegszeitpunkt zum Kauf der Aktie zu entscheiden. Im Grunde genommen ist der Nutzen analog zum KGV, welches als erste Kennzahl bereits vorgestellt wurde, zu beurteilen. Wie hoch ein gutes KBV sein sollte, muss erneut individuell beurteilt und mit der restlichen Branche verglichen werden. In jedem Fall ist ein möglichst hohes KBV von Vorteil, da der Anleger für sein investiertes Geld umso mehr Anteile am Unternehmen erhält.

Kritik macht sich noch an weiterer Stelle breit: Und zwar nützt selbst das beste KBV nichts, wenn das Unternehmen vor der Pleite steht oder hohe Abschreibungen auf das Unternehmen zukommen. Dementsprechend gilt auch hier: Nachrichten aufmerksam lesen und die gesamte Situation des Unternehmens hinterfragen! *Wirtschaftswoche, Capital, Handelsblatt,* die Börsennachrichten im Fernsehen, ad-hoc-Meldungen von Unternehmen und weitere Quellen machen schlau und helfen, das KBV sowie dessen Einflussfaktoren richtig einzuordnen.

Fazit

- Das KBV setzt den Kurs ins Verhältnis zum bilanziellen Vermögen des Unternehmens pro Aktie
- Anleger erfahren, wie viel vom Vermögenswert des Unternehmens sie durch den Kauf einer Aktie erhalten

- Das KBV erfasst nur das bilanzielle Vermögen, aber berücksichtigt nicht ideologische Vermögenswerte, qualifiziertes Personal, Prestige und einige weitere immaterielle Vermögenswerte
- Bei drohenden Abschreibungen und Pleitegefahren bringen selbst die besten KBVs nichts
- Zur Einordnung und Evaluierung des KBVs sind stets die Börsen- und Unternehmensnachrichten sowie die Fachzeitschriften aufmerksam zu lesen

Eigenkapitalrendite

Die Eigenkapitalrendite setzt den Jahresüberschuss eines Unternehmens ins Verhältnis zu dessen Eigenkapital. Selbst der weltberühmte Anleger Warren Buffett machte Gebrauch von der Eigenkapitalrendite und nutzte sie als ein Ausscheide- bzw. Aufnahmekriterium für Aktien ins eigene Portfolio. Letzten Endes wird die Eigenkapitalrendite nur dann zu einer zuverlässigen sowie wichtigen Kennzahl, wenn darüber hinaus auch andere Größen betrachtet werden.

Berechnung der Eigenkapitalrendite

Formel

$$\frac{Jahresüberschuss}{durchschnittliches\ Eigenkapital} = Eigenkapitalrendite$$

Beide Kennzahlen – sowohl der Jahresüberschuss als auch das durchschnittliche Eigenkapital – sind der Bilanz eines Unternehmens zu entnehmen. Auch kann die Eigenkapitalrendite aus Quartalsberichten errechnet werden und nicht nur aus den Jahresabschlüssen. Die Berechnung der Eigenkapitalrendite aufs gesamte Jahr ist jedoch das übliche Instrument.

107

Aussagekraft und Nutzen der Eigenkapitalrendite

Es gibt zwei mögliche Aussagen, die sich aus der Eigenkapitalrendite herausfiltern lassen:

1. Je höher die Eigenkapitalrendite im Vergleich zur Konkurrenz innerhalb einer Branche und eines Marktes ist, umso besser wirtschaftet das Unternehmen. Denn es benötigt weniger Eigenkapital, um einen hohen Jahresüberschuss zu erreichen.
2. Je höher die Eigenkapitalrendite ist, desto weniger Eigenkapital und anstelle dessen mehr Fremdkapital hat das Unternehmen. Folglich ist ein Investment in Aktien dieses Unternehmens aufgrund der hohen Schulden riskant.

Zwei Aussagen, die komplett andere Entscheidungen nahelegen. Während die erste positiv ausfällt und zum Kauf animiert, ist die zweite Aussage ein Mahner und legt den Verkauf nahe. Dementsprechend ist die wichtige Größe, die neben der Eigenkapitalrendite heranzuziehen ist, der Anteil an Fremdkapital. Sollte der Anteil an Fremdkapital im Vergleich zum Eigenkapital deutlich geringer sein UND das Unternehmen eine vergleichsweise hohe Eigenkapitalrendite aufweisen, dann wirtschaftet das Unternehmen gut und es besteht eine Kaufempfehlung – zumindest, wenn es einzig und allein nach der Eigenkapitalrendite geht und die anderen bisher vorgestellten Kennzahlen zur Unternehmensbewertung nicht berücksichtigt werden. Sollte das Unternehmen hingegen einen hohen Anteil an Fremdkapital verzeichnen, so ist von Investments abzuraten.

Warren Buffet, der der Eigenkapitalrendite von Unternehmen eine hohe Bedeutung beimisst, wertet als wichtiges Kriterium, dass ein Unternehmen eine Eigenkapitalrendite oberhalb des Branchendurchschnitts und größer oder gleich

15 % hat. Diese Regelung gilt für das aktuelle Jahr und den Durchschnitt der letzten zehn Jahre bei Unternehmen.[16]

Fazit

- Eigenkapitalrendite bewertet das Verhältnis zwischen Jahresüberschuss und Eigenkapital eines Unternehmens
- Hohe Eigenkapitalrendite im Vergleich zur Konkurrenz bei gleichzeitig geringem Anteil an Fremdkapital im Unternehmen sind ein gutes Zeichen
- Es gilt, sowohl das aktuelle Jahr als auch die letzten zehn Jahre zu bewerten

Chart-Analyse

Mit der Chart-Analyse entscheiden Sie über den idealen Einstiegs- und Ausstiegszeitpunkt bei dem Kauf bzw. Verkauf von Wertpapieren. Neben einer Fülle möglicher Formationen, unter denen Sie das symmetrische Dreieck sowie die Flaggen kurz vorgestellt bekommen, gibt es mit dem Trendsurfing eine Analysemethode, die besonders hohes Ansehen unter Anlegern genießt. Dementsprechend gilt das Hauptaugenmerk mit einer ausführlichen Beschreibung samt Illustrationen dem Trendsurfing, welches sich optimal eignet, um den Einstiegs- sowie Ausstiegszeitpunkt bei den stark volatilen Wachstumsunternehmen zu bestimmen.

Trends erkennen – Das Trendsurfing

Beim Trendsurfing handelt es sich um die wichtigste Form der Chart-Analyse zur Bestimmung des Kaufs- und Verkaufszeitpunktes eines Wertpapiers. Denkbar einfach ist die Analysemethode ebenfalls. Im Vordergrund steht die zuver-

---

[16] Helbig, Jens M.: *Einmal Dividende bitte!*. Düsseldorf: Christopher Klein & Jens Helbig, 2019.

lässige Bestimmung der Trendwenden, die sich im Aktienverlauf eines Wertpapiers abzeichnen:

1. Wann schwenkt der Abwärtstrend in einen Aufwärtstrend über? Dies ist der ideale Einstiegszeitpunkt!
2. Wann stoppt der Aufwärtstrend und wechselt in einen Abwärtstrend über? Hier ist es klug, das Wertpapier zu verkaufen!

Das Trendsurfing ist keine Strategie für eine Kapitalanlage in Value-Aktien. Value-Aktien weisen tendenziell eine geringe Volatilität auf und werden deswegen aller Voraussicht nach keine signifikanten Trendbewegungen verzeichnen – sich mit Ausnahmen auseinanderzusetzen, ergibt an der Börse keinen Sinn. Eine Anlage in Value-Aktien und ETFs erfolgt mit langfristigem Anlagehorizont im Idealfall über ein Jahrzehnt oder gar noch länger.

Bei der Anwendung des Trendsurfings im Rahmen einer Chart-Analyse geht es vielmehr darum, bei volatilen Aktien die Zeitpunkte zum Kauf und Verkauf zu bestimmen. Insbesondere bei Wachstumsunternehmen macht diese Strategie der Geldanlage Sinn. Denn diese sind jung und haben mehr Spielraum zum Wachstum. Folglich ist ein Wertanstieg mit vielen langen Aufwärts- und kurzen Abwärtstrends wahrscheinlich. Dass die meisten dieser Unternehmen letzten Endes die Erwartungen der Anleger nicht befriedigen können, führt nach mehrmaligen Aufwärtstrends irgendwann zu einer Ansammlung an Abwärtstrends. Doch vor dem Eintreten der Abwärtstrends bieten Wachstumsunternehmen durch Anwendung des Trendsurfings die Chance auf mehrere Hundert Prozent Rendite in einem Jahr oder sogar wenigen Monaten. So ist es nun mal: Der Überflieger sorgt für Furore am Markt. Wer ein Stück des Kuchens abhaben möchte, investiert in diesen Überflieger – aber nur zum richtigen Zeitpunkt!

Hochs und Tiefs beobachten!

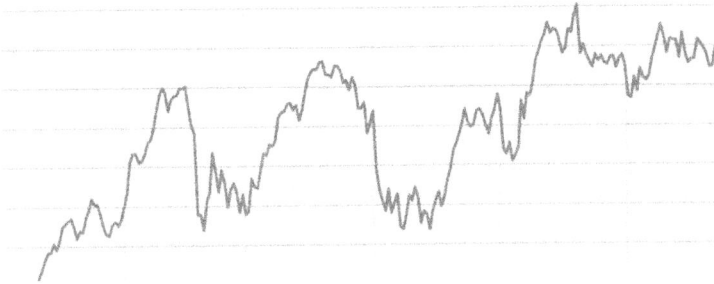

Sie sehen den Chartverlauf des deutschen Unternehmens aus dem Versicherungssektor. Das Unternehmen gehört als eines von 30 Unternehmen zum DAX. Beim Blick auf den Chartverlauf wird deutlich, dass es sowohl Hoch- als auch Tiefpunkte gibt. Werden diese eingezeichnet, so ergibt sich folgendes Bild:

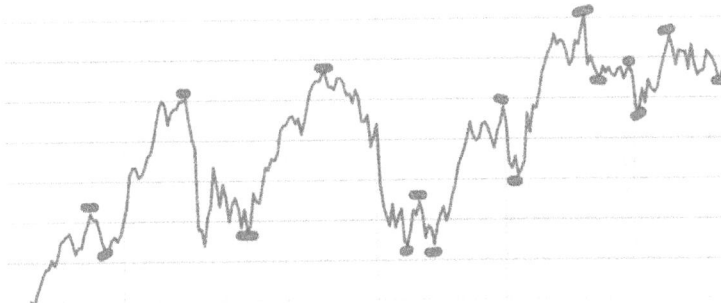

Aller Voraussicht nach werden sich Ihnen bei der Betrachtung dieses Charts Fragen stellen. Die wichtigste wird sein, wieso nicht alle Hoch- und Tiefpunkte eingezeichnet sind. Schließlich gibt es mehr Punkte als nur die rot markierten, an denen der Kursverlauf der Aktie nach unten zeigt. Hoch- und Tiefpunkte sind im Trendsurfing all jene, an denen sich ein Umschwung in einen neuen Trend bemerkbar macht. Dabei gelten die beiden Regeln: Ein Aufwärtstrend zeichnet sich immer dann ab, wenn ein Hochpunkt durch einen noch höheren Hochpunkt bestätigt wird. Ein Abwärtstrend wiederum zeichnet sich dann ab, wenn ein Tiefpunkt von einem noch tieferen Tiefpunkt bestätigt wird. Beides wird durch eine noch genauere Betrachtung des Kursverlaufs der Allianz-Aktie veranschaulicht.

Aufwärts- und Abwärtstrends feststellen!

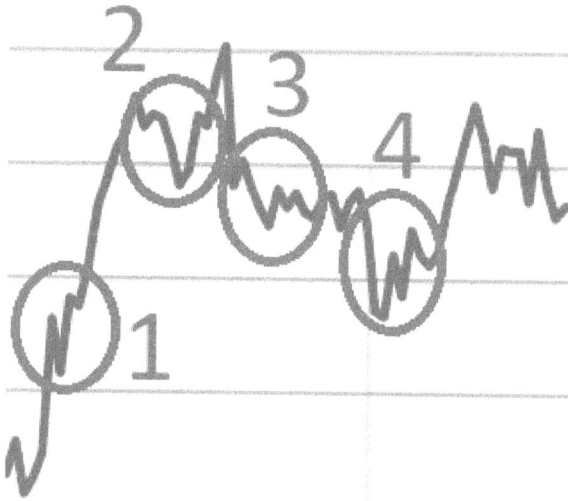

In diesem Beispiel wurden zur Erklärung vier Stellen eingezeichnet. Sie wissen bis jetzt: Zwei höhere Hochs und zwei höhere Tiefs hintereinander bedeuten einen Aufwärtstrend. Zwei tiefere Tiefs und zwei tiefere Hochs hintereinander läuten einen Abwärtstrend ein.

An der ersten Markierung ist einer dieser Fälle gegeben, weswegen von einem beginnenden Aufwärtstrend gesprochen werden kann. Es geht aus einem Tal aufwärts auf ein Hoch, das höher als das letzte ist. Daraufhin geht es wieder abwärts, was der erste Tiefpunkt innerhalb der Markierung ist. Wenn Sie darauf blicken, wie tief das letzte Tief war, dann wird klar, dass dieser Tiefpunkt sogar deutlich über dem letzten ist. Nun benötigt es nur noch ein Hoch und Tief, das höher als das soeben genannte Hoch bzw. Tief ist. Dies ist direkt danach der Fall. Also ist der Einstiegszeitpunkt gekommen: Sobald es aus dem letzten Tief wieder hinausgeht, wie am Ende der ersten Markierung zu sehen ist, erfolgt der Kauf. Diese Vorgehensweise hat zudem den Vorteil, dass zu einem Zeitpunkt eingekauft wird, zu dem die Aktie noch vergleichsweise günstig ist.

Werfen wir einen Blick auf die zweite Markierung: Hier geht es bergab, nachdem zunächst das höchste Hoch erreicht wurde. An diesem Tiefpunkt ist noch nicht Verkaufszeit, da es für den Verkaufszeitpunkt zweier aufeinanderfolgender Hochpunkte und Tiefpunkte benötigt, die tiefer als der jeweils andere sind. Blicken wir direkt auf das erste Tief in der zweiten Markierung, so fällt zunächst auf, dass dieser Tiefpunkt höher als das letzte Tief ist. Dies ist ein Zeichen fürs Halten der Aktie, da sich der Aufwärtstrend fortsetzen kann. Erst bei der Betrachtung des auf dieses Tief folgenden Hochs zeigt sich: Dieses Hoch ist niedriger als das letzte – könnte nun ein Abwärtstrend eintreten? Diese Vermutung wird durch das nächste Tief bestätigt, welches weit nach unten führt. Nun bräuchte es eines weiteren Hochs und Tiefs, welches geringer als das vorige Hoch bzw. Tief ist. Dies geht beim nächsten Hoch auf, welches minimal geringer ist als das vorige. Doch das darauffolgende Tief fällt aus dem Schema, da es nicht noch geringer als das vorige ist, sondern bei weitem höher. Ergebnis: Die Aktie wird gehalten. Mit gutem Recht, denn sie entwickelt sich noch besser und führt zu einem weiteren deutlichen Hochpunkt.

Doch bei der dritten Markierung ist es soweit und der Negativtrend tritt ein: Ein Tief und ein Hoch, welches tiefer liegen als die letzten beiden. Danach ein weiteres Tief und Hoch, die nochmals niedriger sind. Es wird also verkauft, sobald die Aktie vom letzten Hochpunkt aus beginnt, an Wert zu verlieren.

Bei der vierten Markierung beginnt nach dem zuvor analysierten Abwärtstrend ein neuer Aufwärtstrend, sodass nach dessen zweitem Hoch in die Aktie investiert wird. Es zeichnet sich eine Entwicklung ab, die quasi bis zum Ende des Charts anhält.

Deswegen ist Trendsurfing bei Value-Aktien nicht nahezulegen...

Die gesamte Entwicklung in dem Betrachtungszeitraum von Anfang Februar 2019 bis zum Ende des Jahres 2019 zeigt, dass die Aktie eine positive Entwicklung hingelegt hat. Doch letzten Endes bewegte sich die Entwicklung zwischen Beträgen von 180 € und 225 €. Da zum Trendsurfing die Wartezeit zwischen den Trends gehört, hätten Anleger gewiss nicht den vollen Profit aus 45 € pro Aktie eingenommen. Alles in allem hätte es sich bei der Allianz-Aktie nur mit hohen Beträgen oder den riskanten Hebeln des CFD-Handels gelohnt, nach dem Trendsurfing-Prinzip zu investieren. Kein Wunder, schließlich handelt es sich um eine Value-Aktie, die im DAX indexiert ist und keine signifikanten Entwicklungsspielräume aufweist. Sie ist im Regelfall wenig volatil.

Dieses Beispiel hat Ihnen gezeigt, wie Charts nach dem Prinzip des Trendsurfings analysiert werden, und anhand einer Value-Aktie veranschaulicht, wieso sich dieses Vorgehen nicht bei Value-Aktien lohnt. Nun erhalten Sie die Möglichkeit, anhand des Kursverlaufs der Aktie eines Wachstumsunternehmens selbst zu untersuchen und festzustellen, dass sich das Trendsurfing bei Wachstums-Aktien zur Analyse der Charts lohnt. Wobei: Im Prinzip sagen die Zahlen auf der rechten Achse in Kombination mit dem Chart-Verlauf bereits aus, dass durch die hohe Spanne der Kursschwankungen eine ganz andere Dynamik entsteht, die höhere Renditen begünstigt.

Mut zum Trendsurfing bei Wachstumsunternehmen!

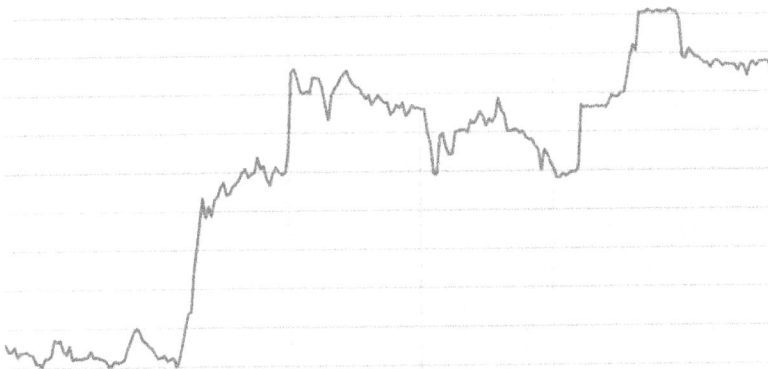

Die *Publity AG* investiert in Gewerbeimmobilien und hat sich in Deutschland die richtigen Städte dafür ausgesucht: In Frankfurt am Main und in München. Die Firma ist zwar seit 17 Jahren existent, doch erst seitdem der Immobilien-Boom hierzulande große Ausmaße annimmt, ist sie zu einem ernst-zunehmenden Wachstumsunternehmen geworden.

Hinweis!

Als Anleger kann man bei Chart-Analysen mit dem sogenannten „Allzeithoch" konfrontiert werden. Das Allzeithoch wird alternativ als „historisches Hoch" und in der englischen Sprache als „All-Time-High" bezeichnet. Es stellt den höchsten Kurs dar, welchen eine Aktie in ihrer Geschichte je erzielte. Wie im Chart der Aktie der *Publity AG* ersichtlich wird, gibt es einige Hochs. Doch um zu erfahren, ob es sich wirklich um mehrere Allzeithochs handelt, muss der gesamte Aktienverlauf des Unternehmens seit der ersten Börsennotierung betrachtet werden. Bei Aktien von Wachstumsunternehmen gibt es häufig mehrere Allzeithochs, wenn sich die Aufwärtstrends einstellen, die dem Wertpapier eine hohe Popularität bescheren. Einige Anleger sagen, es sei an einem Allzeithoch unklug, zu investieren. Dahinter verbirgt sich eine Logik der Angst, da das Wertpapier teurer als je zuvor ist und die Verlustrisiken hoch ausfallen. Lassen Sie sich nicht von dieser Philosophie blenden. Denn wenn Sie das Wertpapier eines Wachstumsunternehmens nach dem Trendsurfing analysieren, dann sind Allzeithochs gang und gäbe. Dabei kann auf ein Allzeithoch Verlust folgen oder aber es folgen noch viele weitere Allzeithochs, die Ihnen beachtliche Gewinne einbringen. Lassen Sie sich nie von irrationaler Angst blenden, sondern analysieren Sie nach den erläuterten Prinzipien. Bedenken Sie dabei: Ein Allzeithoch ist zunächst ein Zeichen von Stärke.

Symmetrisches Dreieck, Flaggen und weitere Chartformationen

Neben dem Trendsurfing existieren eine Vielzahl an Methoden zur Chart-Analyse, die Formationen in den Kursverlauf hineininterpretieren und anhand derer Prognosen angestellt werden können, wann ein Wertpapier gekauft, gehalten oder verkauft werden sollte. So viel Berechtigung diese Chart-Formationen aus einigen Sichtweisen haben mögen, handelt es sich dabei um Instrumente, die den Rahmen dieses Ratgebers sprengen würden und nicht als essenziell einzustufen sind. Das Trendsurfing deckt bereits die Mittel zur Bestimmung der idealen Zeitpunkte für Transaktionen ab. Dies ist an dieser Stelle alles, was Sie für die ersten Schritte bei der Geldanlage in Aktien benötigen. Einige der Chartformationen werden Ihnen nun in Kürze erklärt, um Ihnen einen besseren Eindruck zu verschaffen. Sofern Sie Interesse kriegen oder Ihren Wissensfundus nach den ersten Schritten im Wertpapierhandel erweitern wollen sollten, finden Sie im Rahmen weiterer Literatur und im Internet reichlich Informationen zu den Chart-Formationen.

Eine der Chart-Formationen ist das symmetrische Dreieck. Hierbei liegen die aufeinanderfolgenden Hochpunkte immer leicht unterhalb der vorigen Hochpunkte. Die Tiefpunkte wiederum liegen immer höher. Zieht man oben entlang der Hochpunkte eine Linie und unten entlang der Tiefpunkte ebenso, dann bildet sich ein Dreieck. Ist dieses groß bzw. lang, weil die Hoch- und Tiefpunkte starke Schwankungen aufweisen, so wird ein großer Ausbruch aus dem Dreieck vermutet – mit potenziell hohen Gewinnen. Bei einem kleinen bzw. kurzen Dreieck ist ein geringerer Ausbruch zu vermuten. Das Dreieck kann komplett spitz zulaufen oder aber noch vor der Vollendung ausbrechen. Ist ersteres der Fall, so besteht die Annahme eines nur kurzen Ausbruchs

117

oder gar einer Negativentwicklung. Ein nicht vollendetes Dreieck soll, der Annahme nach, einen profitableren Ausbruch bringen. Ein Ausbruch ist immer dann gegeben, wenn der neue Hochpunkt oberhalb des vorigen liegt oder der neue Tiefpunkt unterhalb des vorigen. Alles in allem symbolisiert das symmetrische Dreieck, dass an dessen Ende beim ansteigenden Hochpunkt eine Kaufempfehlung gegeben ist oder bei einer Auflösung des Dreiecks nach unten hin von einem Kauf der Aktie abgeraten wird.

Abgesehen vom symmetrischen Dreieck existieren die Flaggen: Wenn Kurse einmal steil und stark nach oben steigen, bildet sich der Mast der Flagge heraus. Sofern die Kurse dann mit kleinen Schwankungen seitwärts verlaufen, ist die Flagge selbst bemerkbar. Flaggen weisen grundsätzlich auf einen kommenden Aufwärtstrend hin. Sie können sich dies wie folgt vorstellen: Die Aktie verzeichnet einen rapiden Anstieg, der dadurch abbricht, dass die Aktie von mehreren Anlegern verkauft wird, die ihre Gewinne einstreichen möchten. Allerdings bleibt eine Vielzahl an Anlegern der Aktie treu, sodass es nicht zu einem kompletten Abwärtstrend kommt. Stattdessen schwankt die Aktie minimal im Kursverlauf und verzeichnet mal einen Zugewinn, mal einen Wertverlust. So läuft es einige Zeit lang, wobei die Aktie gekauft werden sollte. Denn es steht ein weiterer rapider Anstieg bevor. Schließlich untermauern die geringen Schwankungen anstelle eines Negativtrends das Vertrauen der Anleger in das Wertpapier ... Dies zumindest ist die Annahme bei einer Flaggenformation.

Falls Sie nach der Vorstellung dieser beiden Chartformationen neugierig sind, dann erhalten Sie als Orientierungshilfe für Eigenrecherchen noch einige weitere Chartformationen genannt:

- Schulter-Kopf-Schulter
- Steigende und fallende Dreiecke
- Trendlinien
- Doppeltop
- Doppelboden (W-Formation)

Zusammenfassung: Zuerst das Unternehmen analysieren, dann den Zeitpunkt zum Kauf bestimmen!

Dieses Kapitel hat veranschaulicht, dass die Geldanlage in Aktien alles andere als ein riskantes Unterfangen ist. Es ist ein Arbeitsprozess, zu dem Sie bereit sein müssen, woraufhin Sie die Risiken erheblich minimieren. Anhand verschiedener Kennzahlen, die Sie nun nach eigenen Maßstäben bei der Unternehmens- bzw. Fundamentalanalyse einsetzen können, erschließen Sie sich, welche Aktien vielversprechend sind. Haben Sie eine Auswahl an Aktien getroffen, dann hilft Ihnen bei Wachstumsaktien das Trendsurfing bei der Bestimmung des optimalen Einstiegszeitpunktes. Sollten Sie Value-Aktien kaufen, können Sie ebenfalls das Trendsurfing nutzen. Doch da in Value-Aktien ohnehin mit langfristigem Anlagehorizont investiert wird, erübrigt sich hier weitestgehend die Anwendung von Chart-Analysen. Value-Aktien sind wenig volatil, weswegen Sie in diesem Fall einfach Ihr geplantes Investment tätigen und von der Entwicklung über mehrere Jahre oder Jahrzehnte profitieren.

.

How to: So baue ich Schritt für Schritt mein Portfolio auf!

Dieses Kapitel geht mit Ihnen Schritt für Schritt den Aufbau eines eigenen Portfolios durch. Als Annahme gilt, dass Sie 10.000 € in die Hand nehmen. Sind es weniger als 10.000 €, so verwenden Sie anteilig für die einzelnen Anlagen die zu Ihrer Summe passenden Beträge. Da wir in diesem Ratgeber die Geldanlage in Aktien fokussieren, werden Sie Anlageklassen wie Anleihen, Derivate u. Ä. in diesem Kapitel vermissen. Die hier gewählten Anlageklassen sind die Aktien, Aktienfonds sowie speziell die ETFs.

Value-Aktien: 30 %!

Wer den Aufbau eines eigenen Portfolios forciert, steht vor einer Fülle an Möglichkeiten, wie Sie bereits wissen. Wir wählen als einen der beiden Grundsteine die Value-Aktien. Zwar bieten diese eine potenziell geringere Renditespanne, doch gehen sie aufgrund ihrer gefestigten Position mit geringeren Risiken für Anleger daher. Doch dies ist bei der Aktienauswahl nicht alles. Die Aspekte, die Sie bisher über Value-Aktien gelernt haben, werden nun noch erweitert: Die etablierten Unternehmen, denen wir uns widmen, stammen nach Möglichkeiten aus Branchen, die immer verdienen. Und schon sind wir bei ihnen angelangt ... den *Nifty Fifty*!

Was sind die Nifty Fifty?

Die Bezeichnung *Nifty Fifty* stammt aus den USA und bedeutet ins Deutsche übersetzt „Die schicken Fünfzig". Gemeint sind die Aktien von Unternehmen, die sich auf dem

Aktienmarkt als die beliebtesten erweisen. Die Begrifflichkeit *Nifty Fifty* findet ihren Ursprung an der US-amerikanischen Börse in den 60er Jahren, als Anleger auf der Suche nach Wertpapieren sind, die die höchste Sicherheit und den höchsten Profit versprechen. Damals sind es Unternehmen wie *Coca-Cola*, *McDonald's*, *Walt Disney* und *Eastman Kodak*, die die folgenden Merkmale verzeichnen:

- Geringe Schulden
- Stabile Ausschüttungen
- Konstantes Wachstum
- Etablierung am Markt

Anleger investierten in Aktien von Unternehmen mit diesen Vorzügen, unter denen sich 50 einen Weg in die Wahrnehmung der Anleger als die *Nifty Fifty* gebannt hatten. Das Angebot der Unternehmen war zudem konjunkturunabhängig gefragt, was einen weiteren Vorteil darstellte. Dies bedeutet, dass die Unternehmen sogar bei einer Negativentwicklung der Wirtschaft wuchsen. Sie verzeichneten zwischendurch eine doppelt so starke Entwicklung wie die Börse. Allerdings erfolgte 1974 ein Platzen der Nifty-Fifty-Blase. Grund dafür war, dass sämtliche Anleger sich auf die 50 beliebtesten Aktien stürzten und somit verursachten, dass die Aktien überbewertet waren. Die Kurswerte brachen zum Teil radikal ein.

Nun, 50 bis 60 Jahre später, ist der Großteil der Unternehmen jedoch nach wie vor am Markt und weiterhin gewachsen. Trotz der geplatzten Blase sind die Unternehmen zum größten Teil nicht untergegangen, sondern haben sich zunächst innerhalb eines oder zweier Jahrzehnte stabilisiert, um dann ihr konstantes Wachstum fortzusetzen. Dies ist nach dem Platzen einer Börsenblase keine Selbstverständlichkeit, mussten schließlich nach der geplatzten Dotcom-Blase um die Jahrtausendwende zahlreiche Unter nehmen ihre Segel streichen. Somit muss an den Nifty Fifty etwas dran gewesen sein, was deren Favorisierung durch die Anleger rechtfertigte.

Hinweis!

Einige Unternehmen aus den *Nifty Fifty*, wie beispielsweise das erwähnte Unternehmen *Eastman Kodak*, sind nicht gewachsen oder gar komplett von der Bildfläche verschwunden. Maßgeblich war in diesem Fall die Digitalisierung. Zwar war *Eastman Kodak* mit den Modellen *Kodak Photo CD* und *Kodak Picture Disk* einer der Vorreiter bei der Transformation, doch war die Analogsparte zu stark gewichtet. Als die Verkaufszahlen zurückgingen, kam das Unternehmen schwer zu Schaden. Mit dem Verkauf der Fotofilmproduktion am 3. September 2013 fand ein Neuanfang unter dem Namen *Kodak Alaris* statt.

Was können wir – insbesondere nach dem Vergleich mit der geplatzten Dotcom-Blase und dem Niedergang von *Eastman Kodak* – von den *Nifty Fifty* aus den 60ern und 70ern in den USA lernen? Wie kam es dazu, dass die Unternehmen sich nach dem starken Kursverlust rehabilitieren konnten und bis heute auf dem Weltmarkt eine Rolle spielen?

Individuelle Bewertungen des Marktes nie vergessen

Der Grund, weswegen es überhaupt erst zum Platzen der Blase kam, ist bei den *Nifty Fifty* sowie dem Hype um die *New Economy* (Dotcom-Blase) derselbe: Es waren Amateure am Werk. Dies ist nochmals ein Grund, weswegen es richtig ist, dass Sie dieses Buch lesen, und ebenso ein Grund dafür, dieses Buch weiterzulesen.

Was zeichnete die Amateure aus, die am Werk waren und die Blase platzen ließen?

123

Personen kauften – ohne Vorwissen und Informationen über die Unternehmen – Aktien auf. Dies ist ein Fehler, der Ihnen keineswegs unterlaufen darf. Bilden Sie sich sukzessive weiter und halten Sie sich auf dem aktuellen Stand! Dann wird Ihnen nämlich auffallen, wann ein Unternehmen überbewertet ist und die Aktivitäten von Anlegern auf dem Börsenmarkt überambitionierte Züge annehmen. Dies war bei den *Nifty Fifty* ebenso wie bei der *New Economy* der Fall.

Stellen Sie es sich wie folgt vor: Ein Freund oder eine Freundin kommt eines Tages zu Ihnen und sagt, er lege Geld in bestimmte Aktien an und habe bereits große Gewinne erzielt. Sie hören sich das an, aber erwägen nicht den Gedanken, selbst zu investieren, da Sie Wertpapiere und die Börse gleichermaßen als ein Hexenwerk ansehen. Zwei Wochen später hören Sie von Wertpapieren, die in den letzten Monaten um 100 % an Wert zugenommen haben. Sie begreifen, dass Anleger in diesem Zeitraum das Doppelte an Geld hatten, was ursprünglich angelegt worden war. Drei Wochen später erzählt Ihnen eine Kollegin bei der Arbeit, Sie habe vor wenigen Tagen mit Investitionen in einige dieser „Senkrechtstarter-Unternehmen" begonnen und schon jetzt könnte Sie die eigenen Anteile mit einem Gewinn von 100 € verkaufen. Wo das noch hinführen würde? Ihnen dämmert langsam, dass Sie die Chance haben, wie Ihre Freunde und Kollegen in das Wertpapiergeschäft einzusteigen. Der Gedanke, Geld zu verdienen, ohne etwas dafür tun zu müssen, ist zu verlockend. Also eröffnen Sie ein Depot – bei einer überteuerten Filialbank, da Sie keine Ahnung von dem Ganzen haben, was aber auch egal ist – und beauftragen den überteuerten Broker, Wertpapiere für Sie zu kaufen. Sie entscheiden sich für eines dieser Unternehmen, die ohnehin bereits seit Monaten rapide Kursanstiege verzeichnen. Das muss ein tolles Unternehmen sein! Ein paar Tage später, nachdem es wie geschmiert gelaufen ist, investieren Sie in drei weitere Unternehmen, die ebenso toll sind. Aktienhandel und Rendite ist ja so einfach! Aber irgendwann wird einigen Anlegern klar, dass die Unternehmen das Geld ins eigene Wachstum investieren und die Gewinnausschüttungen an die Anleger gering ausfallen. Die Anleger sind wegen der ausbleibenden Dividendenzahlungen ungeduldig und sehen keinen Nutzen in der Geldanlage. Also drängen sie auf den Markt und verkaufen die eigenen Anteile. Es tritt eine Massenpanik ein, infolge derer die Kurswerte sinken. Nebenbei wird noch die ein oder andere Bilanzfälschung bekannt. Zudem werden eigentlich solide und nicht überbewertete Unternehmen ebenfalls geschädigt, da die in Panik geratenen Anleger nur noch schwarzsehen, Angst haben und jedwedem rationalen Urteil gegenüber verschlossen sind. Und was ist mit Ihnen? Sie haben die Aktien voller Hoffnung noch gehalten. Hatten Sie in ein Unternehmen aus den *Nifty Fifty* investiert, dann besteht die Chance auf einen Gewinn. Hatten Sie in ein Unternehmen aus der *New Economy* investiert, ist die Chance geringer. Es sei denn, es handelt sich um Amazon – dann sind Sie wahrscheinlich Millionär.

Geschichte...

Vor der Dotcom-Blase spielte der Markt derart verrückt, dass beim Börsengang von Infineon 33 Mal (!) mehr Aktien von Anlegern gekauft werden wollten, als überhaupt zum Verkauf standen[17]. Die verfügbaren Aktien mussten deswegen an Anleger über das Losverfahren vergeben werden. Die Aktien wurden also an die maximal mögliche Menge an Anlegern emittiert, die verbliebenen Anleger gingen leer aus.

---

[17] Vgl. https://www.finanzgrundlagen.de/boerse-lernen/ dotcom-blase-zusammenfassung

Es zeigt sich also, dass der Markt seine eigene Psychologie hat. Sie müssen aufspüren, welche Züge das Verhalten der Anleger annimmt und bei einer Überbewertung der Aktie im Zweifelsfall verkaufen. Dass es bei Überbewertungen auch Ausnahmen gibt, bei denen sich konstatieren lässt, dass die Geldanlage ins jeweilige Wertpapier dennoch sinnvoll ist, haben Sie im letzten Kapitel gelernt. Dieses Wissen ist nun anzuwenden. Darüber hinaus sind die Unternehmen selbst einer Bewertung zu unterziehen. Hierin liegt der maßgebliche Unterschied zwischen den Folgen der Nifty-Fifty- und Dotcom-Blase verborgen: Die Unternehmen aus den *Nifty Fifty* waren etabliert und verzeichneten ein sukzessives Wachstum bei hoher Liquidität. Bei vielen Unternehmen aus der *New Economy* war dies nicht der Fall. Dies spiegelte sich in den umfangreichen Investitionen der Anleger in neu gegründete Unternehmen wider. Zudem fanden Täuschungen durch kriminell agierende Unternehmen statt. Unter den *Nifty Fifty* wiederum gab es auch Skandale, doch waren es gestandene Unternehmen, die die Dividenden zum Teil derart gering hielten, dass sie selbst in Schwächephasen gezahlt werden konnten, was die Anleger zufriedenstellte. So rehabilitierten sich die Unternehmen nach dem Platzen der Blase. Was *Eastman Kodak* zum Verhältnis wurde, war letzten Endes das Unternehmen und dessen Management selbst, was sich in dem missglückten Umstieg von analogen auf digitale Produkte äußerte. Dies ist ebenfalls eine Komponente, die es bei der Auswahl der Wertpapiere fürs eigene Portfolio zu berücksichtigen gilt.

Regeln zur Auswahl der Unternehmen fürs eigene Portfolio

Die Regeln zur Bestückung des Portfolios sind so konstruiert, dass sie sich an den *Nifty Fifty* orientieren, allerdings deren Defizite ausklammern. Rufen wir uns hierzu zunächst die positiven Merkmale der *Nifty Fifty* ins Gedächtnis und evaluieren diese kurz:

- Etablierung auf dem Markt: Ist das jeweilige Unternehmen bereits seit Jahrzehnten auf dem Markt, so zeugt dies von einer soliden Basis und Krisenfestigkeit
- Solider Kursverlauf: Zeigt bei den Kurswerten die Kurve der etablierten Unternehmen seit deren Bestand in größeren Zeiträumen konstant nach oben, zeugt dies von Wachstum
- Robuste Bilanzen: Die Bilanzen spiegeln die Vermögens- und Ertragslage von Unternehmen wider, wobei eine geringe Verschuldung ein einschlägiger positiver Aspekt ist
- Gefragte Branche & Konjunkturunabhängigkeit: Krisensicherheit ist branchenbezogen; bestimmte Angebote und Unternehmen werden auch in Krisenzeiten konstant wachsen

Nun betrachten wir die Defizite der *Nifty Fifty*: Es betraten Amateure den Markt. So kam es zu zunehmenden Käufen der beliebten Aktien. Sogar professionelle Anleger wurden in diesem Szenario zu Amateuren, indem sie über eine rationale Bewertung des Geschehens hinwegsahen. Nun können Sie nicht verhindern, dass Amateure den Markt betreten. Aber zu zweierlei sind Sie imstande: Zum einen müssen Sie selbst nicht als Amateur den Markt betreten, zum anderen können Sie die Entwicklungen auf dem Markt beobachten und angemessen reagieren.

Nachdem nun die Grundlagen zu den *Nifty Fifty* erklärt wurden, gibt Ihnen dieser Ratgeber einige Anreize für Unternehmen, die aktuell an der Börse sind und die genannten Kriterien erfüllen – die *Nifty Five* dieses Ratgebers!

CME Group (USA; Finanzdienstleistungen)

Die *CME Group* würde sogar von einem Börsencrash profitieren. Das Unternehmen ist der weltweit führende Börsenbetreiber für den Handel mit Optionen und Futures. Da zu Zeiten eines Crashs noch mehr gehandelt wird als davor, würde das Handelsvolumen des Unternehmens ansteigen. Das Handelsvolumen pro Tag befindet sich mittlerweile seit knapp 20 Jahren bei einem konstanten Anstieg von über 10 Prozent jährlich. Die Gewinnausschüttungen sind vergleichsweise hoch und die Börse der *CME Group* wuchs in der Vergangenheit durch Zukäufe anderer Börsen. Darüber hinaus fallen die Gewinnmargen der *CME Group* hoch aus und ermöglichen auf diesem Wege gute sowie zuverlässige Prognosen der Mittelzuflüsse.

Münchener Rück (Deutschland; Versicherungen)

Die *Münchener Rück* besteht bereits seit 1880. Somit zeugen überstandene Kriege, Weltwirtschaftskrisen und das Bestehen über mehr als ein Jahrhundert bereits von einer gewissen Krisenfestigkeit. Besonders beeindruckend ist dabei die Entwicklung der Bilanzsumme im Verlaufe der letzten 40 Jahre – ein Zuwachs um das Fünfzigfache! Das Kerngeschäft der *Münchener Rück* sind Rückversicherungen; also die Versicherung von Versicherungen. Hier fallen die Markteintrittsbarrieren für neue Unternehmen hoch aus, sodass Konkurrenz für die *Münchener Rück* rar gesät ist. Anders gestaltet es sich im klassischen Versicherungssektor, der von dem Tochterunternehmen *ERGO* geprägt ist: Hier ist eine große Konkurrenz vorhanden, weswegen der Erfolg der *Münchener Rück* gewissermaßen von der Entwicklung und dem Erfolg der digitalen Transformation bei der *ERGO* abhängt. Doch selbst, wenn die *ERGO* Tochtergesellschaft sich im Konkurrenzkampf schlecht behaupten sollte, hat die *Münchener Rück* in der Bilanz ausreichend Rücklagen, um Verluste auszugleichen.

Iberdrola (Spanien; Energieversorgung)

Das Unternehmen *Iberdrola* versorgt die Bevölkerung in Spanien mit Energie, wobei die Hälfte der zur Verfügung gestellten Energie erneuerbar ist. Zurzeit (Stand: Januar 2020) errichtet das Unternehmen die größte Photovoltaikanlage Europas. Zwar stammt ein Siebtel der Stromproduktion aus Atomkraftwerken, doch dies stellt aufgrund der Diskussion um geringere CO_2-Emissionen kein Problem dar. Angesichts der in der Popularität ansteigenden Elektromobilität ergibt sich für *Iberdrola* ein neues und zukunftsträchtiges Geschäftsgebiet. Diesbezüglich hat *Iberdrola* bereits das Ziel geäußert, demnächst mit dem Bau von 25.000 Elektroladestationen in Spanien zu beginnen. Das Unternehmen präsentiert sich wachstumsstark, neuen Trends wie der Elektromobilität offen gegenüber und in Hinblick auf die Energiewende gut aufgestellt.

Novartis (Schweiz; Pharmaindustrie)

Novartis verzeichnet einerseits konstant ansteigende Gewinne, andererseits hat das Unternehmen bereits eine Spitzenposition bei neuen Medikamenten. Weil mit der medizinischen Weiterentwicklung neue medikamentöse Therapien aufkommen und immer eine Nachfrage nach Medikamenten bestehen wird, ergeben sich gute Aussichten für die Zukunft des Unternehmens. Zurzeit (Stand: Januar 2020) kauft *Novartis* den US-Biotechniker *The Medicines Company*, womit das Unternehmen das hochgehandelte Medikament *Inclisiran* erwirbt, welches zur Senkung des Cholesterinspiegels bereits in Einsatzplanung ist. Durch über 25 Medikamente in der Entwicklungsphase mit einem potenziellen Umsatz von über einer Milliarde US-Dollar ist für die Zukunft bestens vorgesorgt.

TSMC (Taiwan; Produzent für Halbleiter)

Chips für Grafikkarten, Smartphones und weitere elektronische Geräte werden nur von wenigen Unternehmen produziert, die sich die Baukosten für entsprechende Produktionsstätten leisten können. Eines dieser Unternehmen ist *TSMC*, welches der weltweit größte Auftragshersteller ist. Zwar könnten sich Unternehmen wie *Apple*, *NVIDIA* und *Sony* eigene Produktionsstätten leisten, doch wären die Kosten für eine derartige Ausweitung der eigenen Geschäftstätigkeiten zu hoch. Deswegen wird auf eine Belieferung durch spezialisierte Hersteller gesetzt. *Samsung* möchte *TSMC* Konkurrenz machen, allerdings haben die Taiwaner einen derartigen Vorsprung, eine so enorme Expertise und tätigen so hohe Investitionen in die Weiterentwicklung ihrer Produkte, dass sie zunächst von ihrer Position nicht zu verdrängen sein werden. Dadurch ist eine optimale Basis für die Entwicklung von 5G-Technologien und der KI (Künstlichen Intelligenz) gelegt.

Hinweis!

Schauen Sie gezielt die großen Indizes durch und informieren Sie sich über jedes Unternehmen, welches in den vergangenen Jahren und Jahrzehnten eine starke Performance hinlegte. Schauen Sie ebenfalls auf die Konkurrenz und wählen Sie die Value-Aktie, die der Konkurrenz meilenweit voraus ist. Analysieren Sie die Unternehmen und setzen Sie auf solche Value-Aktien, die eine geringe Verschuldung aufweisen und einen hohen Substanzwert haben. Im Idealfall ist das Angebot der Value-Unternehmen konjunkturunabhängig gefragt.

In unserem Beispielportfolio werden 3.000 € – also 30 % des gesamten Kapitals – gleichmäßig in 10 Value-Aktien investiert.

ETFs: 50 %!

Neben den Value-Aktien bilden ETFs das Fundament Ihres Portfolios. Nachdem Sie das Portfolio zu 30 % mit Aktien von 10 Value-Unternehmen ausgestattet haben, wählen Sie nun die ETFs oder besonders populäre Aktienfonds. Bereits im Kapitel mit den Anlagestrategien durften Sie das Indexing kennenlernen und erfahren, dass es wichtig ist, nicht nur auf die ETFs zu den Indizes von Industrieländern zu setzen. Es kommt ebenso darauf an, dem Portfolio etwas Risiko beizumischen und einen ETF zu Indizes von Schwellenländern zu kaufen. Exakt dies wird an dieser Stelle empfohlen: 10 % Schwellenländer-Investment.

MSCI Emerging Markets: Mehr Risiko, mehr Chancen ...

Es gibt zurzeit 13 MSCI Emerging Markets ETFs auf dem Markt, die sich nach dem enthaltenen Fondsvolumen, nach der zu erwartenden Jahresrendite und nach der Gesamtkostenquote unterscheiden. Sind Sie darauf bedacht, die höchstmögliche Rendite zu erlangen, dann empfehlen sich die folgenden ETFs[18]:

- ComStage MSCI Emerging Markets UCITS ETF: 22,16 %
- Deka MSCI Emerging Markets UCITS ETF: 21,42 %
- HSBC MSCI Emerging Markets UCITS ETF: 21,14 %

Überzeugend ist allem voran der erste ETF, der *ComStage MSCI Emerging Markets UCITS ETF*. Dieser weist mit 0,14 % p. a. nämlich zugleich die geringste Gesamtkostenquote auf. So erhalten Sie die besten Renditeaussichten zum geringsten

---

[18] https://www.justetf.com/de/how-to/msci-emerging-markets-etfs.html

Preis. Bei Online-Brokern gibt es für diesen ETF häufig sogar Sparplan-Angebote. Den Großteil des ETFs bilden Unternehmensaktien aus China zu 34,31 %, Taiwan zu 11,72 % und Südkorea zu 11,68 %. Darüber hinaus enthalten sind Aktien von Unternehmen aus Indien, Brasilien, Russland und Saudi-Arabien. Schaut man in die Top-10-Unternehmen des ETFs, so fällt auf, dass dort mehrere etablierte Unternehmen enthalten sind, was die Risiken, von denen zahlreiche Anleger in Zusammenhang mit Aktien aus Schwellenländer-Unternehmen sprechen, ziemlich relativiert. Folgende Unternehmensaktien fallen unter die Top 10 beim *ComStage MSCI Emerging Markets UCITS ETF*:

- Alibaba Group HLDG ADR
- Samsung Electronics CO
- Taiwan Semiconductor MFG

Der Großteil der Unternehmen entfällt auf die fünf Branchen Banken und Finanzdienstleistungen, Verbrauchs- und Verbrauchergüter, IT, Telekommunikation sowie Öl, Gas und Metalle. Sie finden auf der Website justetf.com eine reichhaltige Übersicht zu den einzelnen ETFs sowie dem Chancen- und Risikopotenzial. Anhand der Jahresberichte und Factsheets zu jedem ETF erhalten Sie tiefere Einblicke in den MSCI Emerging Markets ETF.

In unserem Beispielportfolio werden 1.000 € – also 10 % des gesamten Kapitals – in den ComStage MSCI Emerging Markets UCITS ETF investiert.

MSCI World: Der Klassiker beim Indexing und bei Sparplänen!

Der MSCI World bildet die Wertentwicklung von Unternehmen in 23 Industrieländern ab. Entsprechende ETFs stellen ein geringeres Risiko als Emerging-Markets-ETFs dar

und sind deswegen dem Portfolio in größerem Anteil beizumischen. Die guten Renditen der MSCI-World-ETFs sprechen
eine klare Sprache. Kein Wunder ist es folglich, dass in
nahezu allen ETF-Sparplänen bei Online-Brokern, Banken
und sogar Versicherungsgesellschaften ein MSCI-World-ETF
enthalten ist.

Wie bereits bei den Schwellenländer-Aktien fällt auch bei
denen aus den Industrieländern der ComStage-ETF mit einer
beeindruckenden Performance auf. Er überzeugt mit einer
Rendite von 32,25 %. Doch in der Bestenliste der 18 ETFs
auf den MSCI World findet sich im Mittelfeld ein weiterer
unscheinbarer, aber für Anfänger unter den Anlegern interes-
santer ETF: Der *Lyxor Core MSCI World (DR) UCITS ETF*. Auch
dieser überzeugt mit einer soliden Rendite von 29,92 % im
Jahr 2019. Zudem hat der *Lyxor Core MSCI World (DR) UCITS
ETF* mit 0,12 % p. a. die geringsten jährlichen Kosten. Tatsache
ist, dass dieser ETF noch jung ist und 2019 sein erstes Jahr
war. Doch aufgrund der guten beginnenden Performance im
Jahr 2020 und der geringen Kosten ist er nahezulegen. Ein
Blick auf die Zusammensetzung stimmt jedenfalls zuversicht-
lich: Es wird mehrheitlich in die Branchen IT, Finanzwesen
und Gesundheitswesen investiert. Darüber hinaus bilden
Unternehmen aus den USA mit 61,48 % die klare Mehrheit in
dem ETF ab.

*In unserem Beispielportfolio werden 3.000 € – also 30
% des gesamten Kapitals – in den Lyxor Core MSCI World
(DR) UCITS ETF investiert.*

Euro Stoxx: Europa-Zone vervollständigt das Gesamtbild

Die Schwellenländer sind in einem angemessenen Maß
abgedeckt. Zudem ist der MSCI World berücksichtigt, mit
einem gehörigen Anteil an US-Unternehmen. Um nun
noch die Euro-Zone mit aufzunehmen, empfiehlt sich

eine Kapitalanlage in den Euro Stoxx. Alternativ zu einem Euro-Stoxx-ETF ließe sich in einen ETF auf den DAX investieren. Hier entscheiden Sie, ob Sie der deutschen oder der EU-Wirtschaft mehr vertrauen. Die größere Risikostreuung erhalten Sie in Form eines Euro-Stoxx-ETFs.

Ein solcher ETF ist der *HSBC EURO STOXX 50 UCITS ETF EUR*, für den an dieser Stelle eine Empfehlung ausgesprochen wird. Zwar hinkte dieser ETF im letzten Jahr von der Performance her anderen ETFs auf den Euro Stoxx hinterher, doch im Vergleich der gesamten Historie gab es keinen Euro-Stoxx-ETF, der besser performte, als es der *HSBC EURO STOXX 50 UCITS ETF EUR* mit seinen im Schnitt 25,42 % pro Jahr tat. Die mit 0,05 % beachtlich geringen Gesamtkosten pro Jahr sind ein weiterer Fürsprecher dieses ETFs. Da er seit 2009 besteht, ist der ETF bewährt und das Risiko umso geringer.

Die fünf Branchen Konsumgüter, Finanzwerte, Industrieunternehmen, Technologie und Gesundheitspflege bilden den Großteil des ETFs ab. 38,51 % an Aktien französischer Unternehmen und 28,57 % an Aktien deutscher Unternehmen erscheinen ebenfalls stimmig. Also fällt die Entscheidung auf den *HSBC EURO STOXX 50 UCITS ETF EUR*.

In unserem Beispielportfolio werden 1.000 € – also 10 % des gesamten Kapitals – in den Lyxor Core MSCI World (DR) UCITS ETF investiert.

Hinweis!

Falls Sie sich nun wundern mögen, wieso der Anteil des ETFs auf den EuroStoxx in unserem Beispielportfolio genauso groß ist wie der Anteil des Emerging-Markets-ETFs, dann liegt die Antwort darin, dass beide Wertpapiere nur Nebenposten sind. Die wichtigste Rolle kommt

---

dem MSCI-World-ETF zu, da die US-amerikanische Wirtschaft nach wie vor weltweit den Ton angibt. Dieser ist deswegen mit einem Anteil von 30 % an unserem Portfolio bedacht. Die restlichen 20 % verteilen sich zu gleichen Teilen auf den Euro-Stoxx-ETF und den MSCI-Emerging-Markets-ETF.

Wachstumsaktien: 20 %!

Mit den letzten 20 % des Kapitals wird eine Investition in die Wachstumsunternehmen getätigt. Dies ist der schwierigste Teil der Arbeit für Sie als Anleger. Denn im Hinblick auf Wachstumsunternehmen müssen Sie Ihr Portfolio aktiv managen. ETFs halten Sie, wie gesagt, einfach passiv über mehrere Jahre und gleichermaßen gehen Sie mit den Value-Aktien vor, da diese stabil sind und auch negative Konjunkturphasen auffangen können. Darüber hinaus sind die von uns gewählten Value-Aktien im ersten Unterkapitel ohnehin konjunkturunabhängig. Was Wachstumsaktien anbelangt, werden Ihnen allerdings all die im Laufe dieses Ratgebers erlernten Fähigkeiten abverlangt: Von der Bestimmung der Konjunkturphase über die Auswahl der Branchen und der jeweiligen Aktie bis hin zur Chart-Analyse für den idealen Zeitpunkt zum Kauf sowie Verkauf der Aktie.

Eigene Vorkenntnisse oder kleinere Indizes?

Möchten Sie ein Wachstumsunternehmen finden, dann stehen Ihnen dazu mehrere Wege offen. Einer dieser Wege verläuft über eigene Vorkenntnisse:

- Kennen Sie sich in einer Branche gut aus, weil Sie dort beruflich tätig sind?
- Sind Sie aufgrund eines Vortrags oder einer Messe detailliert über einzelne Unternehmen informiert?

- Lesen Sie häufig branchenbezogene Zeitungen oder schauen Berichte diesbezüglich?

„Wissen ist Macht", heißt es. In diesem Fall bestätigt sich diese Behauptung. Beachten Sie, dass die Kenntnis über einzelne Unternehmen allein nicht genügt. Denn eine wichtige Voraussetzung ist, dass die Unternehmen auch börsennotiert sind.

Um unter den börsennotierten Unternehmen Wachstums- unternehmen aufzuspüren, führt der Weg meistens zu den kleineren Indizes, womit beispielsweise der SDAX gemeint ist. Dieser bildet nicht die stärksten 30 Unternehmen der deutschen Wirtschaft ab, ebenso wenig die darauffolgenden 60 Unternehmen, sondern die 70 nächstkleineren. Diese Small-Caps und einige der Mid-Caps aus dem MDAX sind wichtige Anlaufstellen auf der Suche nach Wachstumsun- ternehmen. Gleiches trifft auf die Small- und Mid-Caps in anderen Ländern zu.

Konjunkturphase bestimmen und Branche auswählen

Bevor Sie sich für Small-Caps oder Mid-Caps entscheiden und sich Wachstumsunternehmen ins Portfolio holen, sind die aktuelle Konjunkturphase und die gewünschten Unter- nehmensbranchen zu bestimmen. Die Konjunkturphase bestimmen Sie gemäß der bereits übermittelten Anleitung. In den Phasen Depression, Boom und Expansion dürfen Sie sowohl auf zyklische als auch antizyklische Aktien setzen. Zu Zeiten einer Rezession sind ausschließlich antizyklische Aktien zu wählen.

Die Frage, mit der Sie antizyklische Aktien aufspüren, sei nochmals in Erinnerung gerufen: *Welches Angebot der Unter- nehmen wird immer gefragt sein; unabhängig davon, wie die Wirtschaft gerade abschneidet?*

Unternehmen, auf die das zutrifft, sind jene, die Lebensmittel, Windeln, Toilettenpapier und weitere unverzichtbare Güter sowie Dienstleistungen offerieren.

Neben der Konjunktur hat die Frage nach der Relevanz einzelner Branchen ein hohes Gewicht bei der Entscheidung, auf welche Branchen Sie bei Ihrer Aktienauswahl bauen. Einen Boom darf man von der Technologie- und IT-Branche erwarten, da die Digitalisierung, Sicherheit und künstliche Intelligenz nur einige der vielen bedeutenden und zukunftsprägenden Themen sind. Sämtliche Fabriken stehen vor der Umstellung auf die Industrie 4.0 bzw. die Smart Factory und werden auf die Angebote der Tech- und IT-Unternehmen angewiesen sein. Außerdem wächst die Weltbevölkerung, was gleich mehreren Branchen Perspektiven eröffnet: Von der Immobilienbranche über das Finanzwesen bis hin zum Gesundheitswesen. Letzteres profitiert von der steigenden Lebenserwartung in weiten Teilen der Welt. Schlussendlich finden Sie auf diesen Wegen Ihre Branchen und schauen sich darin nach Unternehmen um.

Unternehmen und Charts analysieren

Haben Sie ein kleines Verzeichnis an Branchen erstellt, dann ist es Ihnen möglich, gezielt nach Small- und Mid-Caps zu suchen, die den Branchen zuzuordnen sind und sich als Wachstumsunternehmen bezeichnen lassen. Anhand der Fundamental- sowie Chart-Analysen finden Sie schlussendlich die optimalen Aktien samt Einstiegszeitpunkt zum Kauf.

Wir legen fürs Beispielportfolio einfach fest, dass wir Aktien von zehn Wachstumsunternehmen mit einem Investment von je 200 € aufnehmen möchten. So kommen wir auf die 2.000 € bzw. verbliebenen 20 %, um die Zusammenstellung unseres Portfolios abzuschließen. Dabei verteilen wir die Aktien und Unternehmen auf folgende Branchen:

137

- 4 Mal Technologie/IT
- 2 Mal Immobilien
- 2 Mal Finanzwesen
- 2 Mal Gesundheitswesen

So erhalten wir in der aktuellen Konjunkturphase (Stand: Januar 2020), die sich irgendwo zwischen Expansion und Boom einordnen lässt, achtmal zyklische und durch das Gesundheitswesen zweimal antizyklische Aktien.

Aufgrund der größeren Nähe zum nationalen Markt erfolgt eine Auswahl an Unternehmen, die der deutschen Wirtschaft zuzuordnen sind. Die Analysen sind lediglich rudimentär und stellen keine absoluten Kaufempfehlungen dar. Fühlen Sie sich dennoch frei, sich von den folgenden Unternehmen und deren Aktien inspirieren zu lassen.

Technologie/IT

Die *RIB Software SE* stammt aus dem SDAX und hat mit einer Jahresrendite von 61,5 % von Januar 2019 bis Mitte Januar 2020 auf sich aufmerksam gemacht. Nach einem beachtlichen Hoch und zwischenzeitlicher Rendite von über 100 % im Dezember begann die Aktie zu fallen. Seit Mitte Januar steigt die Aktie im Wert leicht an, bleibt jedoch stark volatil. Auf einen Zeitraum von mehreren Monaten betrachtet, kann sich ein Investment lohnen, zumal das Unternehmen innovative Software-Lösungen fürs Bauwesen anbietet und somit Perspektive für die Zukunft besteht.

Wem das Investment in die *RIB Software SE* zu gewagt ist, der findet in der *Nemetschek SE* eine Alternative, die im MDAX gelistet ist. Die Aktie befindet sich zurzeit (Stand: Januar 2020) auf einem Allzeithoch und darüber hinaus seit Jahren konstant im Aufwind. Da das Angebot dem der *RIB Software AG* gleicht, sind Aktien der *Nemetschek AG* optimal dazu geeignet, um das Risiko sogar in dieser Mikrobranche der Softwarelösungen für Architektur und Bau zu streuen.

Regelrecht imposant entwickelte sich in den vergangenen fünf Jahren (Stand: Januar 2020) die Aktie der *Sartorius AG VZ.*, die um 710,8 % im Wert stieg. Das Unternehmen bietet Labor- und Prozesstechnologie für verschiedene Branchen an – von der Lebensmittel- über die Biotech- bis hin zur Pharmaindustrie. Das Unternehmen ist im MDAX gelistet und bietet vieles, was in Zukunft gefragt sein wird.

Das Unternehmen *MorphoSys AG* hat eine eigene Technologie entwickelt, die zur Herstellung von Arzneimitteln zur Krebsbekämpfung sowie zu weiteren Zwecken angewandt wird. Partner dürfen auf Lizenzbasis von dieser Technologie Gebrauch machen, die als Standard für die Produktion menschlicher Antikörper ihresgleichen sucht. Die Aktie ist nun auf ihr Allzeithoch gesprungen. Wer Dividenden erwartet, ist hier fehl am Platz. Vielmehr geht es bei Wachstumsaktien ohnehin um das Erwischen eines Wachstumstrends. Aktuell (Stand: Januar 2020) besteht eine interessante Situation, da der Kursverlauf nach einem Blitzanstieg einen rapiden Fall zeigt, nach welchem sich der Kurs jedoch in kleinen Schwankungen auf und ab bewegt. Es darf auf einen neuen Ausbruch nach oben gesetzt werden, weswegen Aktien der *MorphoSys AG* ebenfalls in unser Beispielportfolio wandern.

Immobilien

Nach dem *TAG Immobilien AG* bereits um die Jahrtausendwende herum eine beachtliche Performance an der Börse hinlegte, folgte ein beispielloser Abstieg. Diesem folgte eine Wachstumsphase, die bis heute andauert. Da Immobilien in aller Munde sind, das Unternehmen – mit u. a. Hamburg und Berlin – in den richtigen Räumen agiert und die Aktie sich seit 2008 in einem konstanten Aufstieg befindet, ist ein Investment in das Unternehmen richtig platziert.

Viele Aufs und Abs durfte die *Instone Real Estate Group AG* bereits durchmachen. Doch aktuell marschiert die Aktie des Unternehmens auf ein neues Allzeithoch zu. Eine starke Volatilität ist gegeben und insbesondere bei diesem Unternehmen wiegt die Frage nach dem Zukunftspotenzial stark. Doch für die nächsten Monate macht sich ein positiver Trend bemerkbar, der einige Gewinne in Aussicht stellt. Streichen Sie diese ein und verkaufen Sie notfalls. Aktuell sind Aktien sehr begehrt.

Finanzwesen

Im Finanzwesen fällt die Entscheidung auf die *Corestate Capital Holding S. A.* und die *DWS Group GmbH & Co. KGaA.* Beide verwalten Vermögen in Milli enhöhe und befinden sich zurzeit im Aufwärtstrend. Die *Corestate Capital Holding S. A.* legt den Fokus auf Immobiliengeschäfte, während die *DWS Group GmbH & Co. KGaA* traditionelle und innovative Investments in Hülle und Fülle anbietet.

Gesundheitswesen

5 Jahre – fast 500 % Rendite, 2019 – über 50 % Rendite: Das Unternehmen *Carl Zeiss Meditec AG* weist ein derart konstantes sowie positives Wachstum auf, dass sich gefühlt Monat für Monat ein Allzeithoch ans nächste reiht. Wer vor fünf Jahren mit dem Trendsurfing bei dieser Aktie begonnen hätte, wäre bis heute fast ausschließlich im Aufwärtstrend gewesen. Dieser weltweit führende Medizintechnik-Anbieter ist für die Zukunft optimal aufgestellt, unser Beispielportfolio mit den entsprechenden Aktien ebenso.

Die *Eckert & Ziegler Strahlen- und Medizintechnik AG* steht ebenso wie die *Carl Zeiss Meditec AG* sinnbildlich dafür, was Wachstumsunternehmen im Gesundheitswesen zu bieten haben. Eine Rendite in Höhe von 631,4 % allein in den letzten drei Jahren macht hellhörig. Im Fokus der Aktivitäten der *Eckert & Ziegler Strahlen- und Medizintechnik AG* steht die Entwicklung von Strahlungstechnologien für den Einsatz als Krebs- und Herzheilmittel. Weltweit eine gefragte Größe, darf dieses Wachstumsunternehmen im Portfolio nicht fehlen.

In unserem Beispielportfolio werden 2.000 € – also 20 % des gesamten Kapitals – zu gleichen Anteilen in Aktien der zehn genannten Wachstumsunternehmen investiert.

Zusammenfassung

Zu Beginn der Geldanlage in Aktien sollte nur ein geringer Anteil – nämlich der der Wachstumsaktien – Ihres Portfolios aktiv gemanagt werden. Gern können Sie den Anteil an Wachstumsaktien zwischen zehn und 30 % halten. In jedem Fall ist der Hauptbestandteil durch ETFs und Value-Aktien abgedeckt. Mit dem aktiven Management der Wachstumsaktien kehrt ein größeres Risiko ein, allerdings lernen Sie erst anhand der Wachstumsunternehmen wirklich, wie Unternehmensbewertungen und Chart-Analysen funktionieren. Anfangs wird Ihnen das Investment in Wachstumsunternehmen noch einige Verluste bescheren können, doch mit der Zeit werden Sie den Dreh raushaben und sich zu einem fortgeschrittenen Anleger entwickeln. Trauen Sie sich, bei der mehrwöchigen und mehrmonatigen Anlage in Wachstumsaktien den Griff nach der hohen Rendite zu versuchen. Es wird sich lohnen.

Nachwort

Haben Sie diesen Ratgeber bis hierhin aufmerksam gelesen, so wissen Sie weit mehr über den Aktienhandel und das langfristige Investieren an der Börse, als es so manch eine Person tut, die sich bereits als fortgeschritten in diesem Metier einstuft. Gehen Sie mit Ihrem Wissen behutsam um und versuchen Sie nicht, alles Erlernte auf einmal an der realen Börse umzusetzen. Fangen Sie damit an, ein virtuelles Portfolio zur Übung zu nutzen, und legen Sie damit los, sich über Unternehmen zu informieren: Studieren Sie die Historie, die jeweilige Branche, werten Sie die Jahresabschlüsse aus und werden Sie zu einem bestechenden Analytiker. Wenn dies soweit klappt und Ihr virtuelles Portfolio gut performt, wird es Zeit, mit dem realen Wertpapierhandel zu beginnen. Sie dürfen alles probieren, was Sie gelernt haben, nur stellen Sie zu Beginn ein Portfolio zusammen, bei dem das Risiko gut gestreut ist, die Zusammensetzung überlegt ist, ETFs sowie Value-Aktien den Hauptbestandteil ausmachen und ein kleinerer Anteil an Wachstums-Aktien die Chance auf hohe Renditen bietet. Erst wenn dies der Fall ist, können Sie sich mit kleinen „Spielbeträgen" an den CFD-Handel mit oder ohne Hebel heranwagen. In diesem Zusammenhang sei auf eine Komponente aufmerksam gemacht, die häufig thematisiert wird, jedoch meistens unbemerkt bleibt und sich zu einem existenzgefährdenden Problem entwickeln kann: Die Suchtgefahr.

Bis hierhin wurde bewusst darauf verzichtet, das Thema „Suchtgefahr" anzusprechen, da Sie die Geldanlage in Aktien lernen sollten und ein erwachsener Mensch sind, der selbst für sich sorgt. Im Rahmen dieser Eigenverantwortung müssen Sie auch mit den Konsequenzen leben, die bestimmte Entscheidungen mit sich bringen. Doch in diesem

Nachwort wird darauf verwiesen, dass sobald Zeichen der reinen Spekulation eintreten und irrational gehandelt wird, Bedenken berechtigt sind. Reagieren Sie darüber hinaus emotional und halten nicht die gesetzten Grenzen ein, die Sie sich unter guten Überlegungen für den Wertpapierhandel auferlegt haben, dann ist die Gefahr von Kontrollverlust mit einhergehender Suchtgefahr enorm. Suchen Sie professionelle Hilfe auf und sprechen Sie über Ihre Probleme.

Halten Sie sich mit hochspekulativem Handel wie bei CFDs und Devisen zurück, dann sind Sie ein bedeutendes Stück mehr auf der sicheren Seite: Sie investieren nämlich langfristig oder handeln in mehrwöchigen Abständen auf Basis fundierter Analysen und mit einem festen Plan. Unter diesen Voraussetzungen ist das Entwickeln einer Sucht unwahrscheinlich.

Zu guter Letzt ist die steuerrechtliche Betrachtung bei der Geldanlage in Aktien einen Blick wert: Einkünfte aus Kapitalvermögen werden nach dem Gesetz der Abgeltungssteuer besteuert. Hierzu gehören einerseits die Dividendenzahlungen, andererseits die Realisierung der Kursgewinne. An dieser Stelle soll betont werden: Realisierung der Kursgewinne – dies bedeutet, dass Sie erst dann Steuern zahlen müssen, sobald Sie die Aktien verkauft und dabei einen Gewinn verzeichnet haben. Die Einkünfte sind in der Steuererklärung als Einkünfte aus Kapitalvermögen einzutragen. Es fallen 25 % Abgeltungssteuer auf die Dividendenzahlungen sowie die realisierten Kursgewinne an. Auf die zu zahlende Steuer werden der Solidaritätszuschlag und – bei Kirchenzugehörigkeit – die individuelle Kirchensteuer angerechnet. Alles in allem lässt sich schätzungsweise von einer Steuerlast in Höhe von 27 % sprechen. Kursverluste lassen sich steuerlich nicht absetzen, sofern Sie den Wertpapierhandel privat betreiben und kein separates Gewerbe dafür angemeldet haben.

Nun sind Sie dran: Starten Sie, nachdem einige verbliebene Fragen in diesem Nachwort geklärt wurden, mit dem neuen Knowhow durch und entdecken Sie sich Schritt für Schritt bei der Geldanlage in Aktien neu. Sie werden sich viele Interessen erschließen und Ihr Allgemeinwissen beträchtlich erweitern, sofern Sie die Sache von Beginn an fokussiert und mit einem Plan angehen. Dies wünscht Ihnen dieser Ratgeber!

Bonusheft

Auf meiner Webseite finden Sie einen Kurzreport gratis zum Download. In diesem Report entdecken Sie die 7 häufigsten Fehler, die Einsteiger beim Handeln mit Aktien begehen.

Den Report erhalten Sie als E-Book. Und so einfach funktioniert es:

Geben Sie in die Browserleiste Ihres Computers oder Smartphones Folgendes ein:

bonus.martinbachmeier.com

Sie werden dann direkt zur Download-Seite geleitet.

Beachten Sie: Dieser Report ist nur für eine begrenzte Zeit verfügbar. Sichern Sie sich den Report daher am besten heute noch!

Quellenverzeichnis

Literatur-Quellen:

Günther, F.: *Cleverer Vermögensaufbau mit Aktien*. 2018.

Helbig, Jens M.: *Einmal Dividende bitte!*. Düsseldorf: Christopher Klein & Jens Helbig, 2019.

Kommer, G.: *Souverän investieren mit Indexfonds und ETFs*. Frankfurt am Main: Campus Verlag GmbH, 2011.

Lakefield, W.: *Aktien für Einsteiger*. Basinghausen, 2019.

Online-Quellen:

https://www.rechnungswesen-verstehen.de/lexikon/fonds.php

https://de.statista.com/statistik/daten/studie/239512/umfrage/umsaetze-pro-handelstag-am-weltweiten-devisenmarkt/

https://www.boerse.de/grundlagen/optionsschein/

https://www.boerse.de/boersenlexikon/EURO-STOXX

https://www.finanzen-broker.net/

https://www.xtb.com/de/aktien

https://www.dkb.de/privatkunden/broker/

https://www.degiro.de/preise/preise-degiro.html

https://www.ing.de/wertpapiere/direkt-depot/

https://www.etoro.com/

https://www.ig.com/de

https://www.deutschlandfunk.de/meldung-forschung-aktuell.678.de.html?drn:news_id=277252

https://de.statista.com/statistik/daten/studie/17332/umfrage/arbeitslosenquote-in-den-usa/

https://www.finanzen.net/zinsen/leitzins

https://www.boerse.de/fundamental-analyse/Amazon-Aktie/US0231351067

https://aktienfinder.net/blog/ist-die-dividende-sicher-die-ausschuettungsquote/

https://www.welt-der-bwl.de/Finanzergebnis

https://www.gesetze-im-internet.de/hgb/__275.html

https://www.welt-der-bwl.de/Finanzergebnis

https://www.welt-der-bwl.de/Finanzergebnis

https://www.controllingportal.de/Fachinfo/Kennzahlen/Cash-Flow-Einfuehrung-und-Ueberblick-ueber-Cash-flow-Berechnungsarten.html

https://www.finanzgrundlagen.de/boerse-lernen/dotcom-blase-zusammenfassung

https://www.justetf.com/de/how-to/msci-emerging-markets-etfs.html

www.ingramcontent.com/pod-product-compliance
Lightning Source LLC
Chambersburg PA
CBHW071419210326

41597CB00020B/3574